Heinrich St. A. von Liaño

Die Kirche Gottes und die Bischöfe

Denkschrift mit Rücksicht auf das angekündigte allgemeine Concilium zur Klärung der religiösen Lebensfrage

Heinrich St. A. von Liaño

Die Kirche Gottes und die Bischöfe
Denkschrift mit Rücksicht auf das angekündigte allgemeine Concilium zur Klärung der religiösen Lebensfrage

ISBN/EAN: 9783743335677

Hergestellt in Europa, USA, Kanada, Australien, Japan

Cover: Foto ©Lupo / pixelio.de

Manufactured and distributed by brebook publishing software (www.brebook.com)

Heinrich St. A. von Liaño

Die Kirche Gottes und die Bischöfe

Die

Kirche Gottes

und

die Bischöfe.

Denkschrift

mit Rücksicht auf das angekündigte allgemeine Concilium
zur Klärung der religiösen Lebensfrage.

Von

Heinrich St. A. von Liaño.

> Was giebt es Verantwortungsreicheres, als diejenige Function des Episcopats, vermöge deren er zur richterlichen Entscheidung berufen ist über das, was Inhalt der übernatürlichen göttlichen Offenbarung und somit des Glaubens der Kirche ist! Denn was giebt es Hehreres, Heiligeres, Unantastbareres als der wahre Glaube! Es darf kein Titelchen davon, aber auch nicht minder kein Titelchen dazu kommen!

Zweite Auflage.

München, 1869.
Verlag der J. J. Lentner'schen Buchhandlung.
(E. Stahl.)

Der Verfasser dieser kleinen Schrift ist sich bewußt, daß er hier, in dem verhängnißvollen Augenblick, der angebrochen ist, einer Richtung gegenüber, der es, in bisher unerhörter Weise, in unseren Tagen erlaubt ist, ihre Einfälle für den Ausdruck der kirchlichen Wahrheit auszugeben, die heiligsten Interessen seiner Kirche vertritt, welcher er über Alles und auf das Entschiedenste ergeben ist.

Er hat es gethan, weil er weiß, welche u n e r m e ß l i c h e Gefahren uns drohen, wenn die Pläne jener Schule auch nur theilweise verwirklicht werden.

Er weiß, daß er der Aufgabe, der er sich aus Pflichtgefühl unterzogen hat, nur sehr unvollkommen zu genügen vermag, und er bedauert, daß in Folge der so überaus traurigen Zeitverhält= nisse keine besseren Kämpen bisheran in d i e s e r Weise aufgetreten sind.

Er bittet die Oberhirten der Kirche und die Hirten der zweiten Ordnung, was er vorträgt geneigtest prüfen zu wollen, in dem Lichte der unverfälschten Tradition der Kirche und mit dem Gewichte des Heiligthums.

Dieselbe Bitte richtet er an die heutigen Träger und Vertreter der ächten Wissenschaft, mögen sie Priester oder der katholischen Kirche angehörende Laien sein. Möchten sie allezeit dessen eingedenk bleiben, daß eine der wichtigsten, wesentlichsten und großartigsten Wirkungen des christlichen Geistes in dem immensen Aufschwung der Wissenschaften, sowohl wie in dem der Kunst, in der christlichen Aera zu erkennen ist, während es an der natürlichen Größe der Geistes-Heroen des vorchristlichen Alterthums wahrlich nicht gefehlt hat. Und möchten sie der Verpflichtungen gleich eingedenk bleiben, welche ihnen daraus erwachsen.

Diese Schrift ist jedoch zunächst an die gläubigen, ihre Kirche liebenden Katholiken gerichtet, welche weder den Reihen des Clerus noch den eigentlichen Männern der Wissenschaft angehören, sondern vorzugsweise Männer der Praxis und größtentheils Familienväter sind oder es zu werden gedenken, und auch an die christkatholischen Jungfrauen und Frauen, die ihre Religion kennen und lieben, und berufen sind in der manichfaltigsten Weise, in den ihrem Geschlecht eigenthümlichen Wirkungssphären, behülflich zu sein, das heilige Feuer zu nähren und zu pflegen. Mag des Verfassers Sprache vielleicht nicht immer die angemessenste für sie sein, so hofft er doch, in Ermangelung eines besseren Vertreters der ungetrübten und vollen Wahrheit, auch i h n e n zur Orientirung in der in Rede stehenden Lebensfrage dienen zu können.

Männer wie Frauen bittet er aber, seine kleine Schrift nur unter Anrufung des Geistes der Wahrheit, der Gerechtigkeit und der Liebe — des heiligen Geistes — zu lesen, und was sie enthält wohl zu erwägen, ohne sich durch Vorurtheile davon abhalten zu lassen, die sie vielleicht früh eingesogen, die aber jetzt noch zu hegen unmöglich ist, will man nicht den größten Gefahren schutzlos seine Seele aussetzen.

Gleicherweise bittet aber der Verfasser die wohlgesinnten Protestanten, d. h. diejenigen, die noch am positiven Christenthume festhalten wollen, seiner kleinen Schrift Beachtung zu schenken. Er glaubt nicht, daß sie zu Worms eine Vertretung ihrer Ueberzeugungen zu erwarten haben.*) Um so mehr dürfte es ihnen vielleicht angezeigt erscheinen, die in dieser kleinen Schrift gebotenen Aufschlüsse zu beachten. Der Leser wird finden, daß sie nicht des Verfassers Machwerk sind. Wäre dieses Letztere der Fall, so würden sie in dieser heiligsten Angelegenheit nur Verachtung verdienen.

Schließlich bittet der Verfasser aber auch alle wohlgesinnten Staatsmänner, welcher Confession sie auch angehören mögen, wenn sie nur den Ernst der Lage erwägen wollen und billigdenkend genug sind, um sich auf den Standpunkt eines Katholiken versetzen zu können, der nicht bloß laut der Bevölkerungstabellen katholisch ist, und zugleich das ächte Wesen und die unverfälschte Lehre seiner Kirche kennt, seine kleine Schrift, ganz besonders aber die

---

*) Es hat sich dieses seitdem nur zu sehr bewährt.

Note Seite 43 und den zweiten Anhang lesen, der Richtigkeit des Inhaltes nachforschen und ihn erwägen zu wollen.

Möge redliches Bemühen Gottes Segen auf sich herabrufen!

Im Mai 1869.

Die Kirche Gottes

und

die Bischöfe.

Einleitung
zur Orientirung in der religiösen Lebensfrage unserer Tage.

Unsere Zeit charakterisirt sich durch eine allgemeine Desorientirung auf allen moralischen Gebieten.

Die Menschen wissen unter uns kaum mehr, was denn eigentlich ihr irdisches Vaterland ist? was seinem Wesen und seiner Eigenart entspricht? was Recht und Gerechtigkeit verlangen und was zugleich das wahre Interesse dieses irdischen Vaterlandes allein zu fördern und sicher zu stellen vermag? was ihre patriotische Pflicht von ihnen erheischt?

Noch viel weniger wissen sie das hinsichts des Höchsten und allein wahrhaft und allseitig Maaßgebenden, hinsichts der Religion!

Bekenner des Christenthums und treue Söhne der katholischen Kirche, können wir nur das Christenthum und das katholische Bekenntniß im Auge haben, wenn wir Orientirung zu erleichtern uns bemühen, zumal am Vorabende eines Ereignisses, das jedenfalls als folgewichtig angesprochen werden muß, und in Beziehung auf welches kein getreues Kind der heiligen Mutter, der Kirche, gleichgültig oder lediglich passiv sich verhalten kann, soferne es nur irgend über das Wesen der Kirche und ihres Lebens und somit zugleich über sein Verhältniß zum Ganzen ausreichend unterrichtet ist.

»Jampridem equidem vera rerum vocabula amisimus;« schon längst fürwahr haben wir es verlernt den Dingen die richtigen Namen zu geben. Dieses Wort, das, irren wir nicht, Sallustius dem älteren Cato in den Mund legt, um dadurch den Verfall der bürgerlichen Sittlichkeit der alten Roma auf das kürzeste und zugleich eindringlichste zu bezeichnen, es paßt mit erschreckender Wahrheit für unsere Tage.

Kaum hin und wieder wird heut zu Tage etwas mit seinem richtigen Namen benannt, und diese fast durchgängige Unfähigkeit der Dinge, Personen und Einrichtungen richtig zu benennen, welche in der Gleichgültigkeit ihre Ursache hat und von der so äußerst mangelhaften Kenntniß des Wesens und Bestandes der uns zunächst angehenden Dinge Kunde gibt, läßt zugleich ermessen, wie wenig tieferer Werth selbst den oft massenhaften und großartig scheinenden äußeren Kundgebungen innewohnt, auf welche hin so manche Täuschung über unsere Zustände genährt wird, und wie wenig daher darauf gerechnet werden kann, daß die wirklich noch vorhandene Anhänglichkeit Stand halten werde in den mit jedem Tage schwieriger werdenden Zeiten, die uns zum Antheil gefallen!

So fanden wir vor einigen Tagen in einer der Zeitungen*), die als im katholischen Sinne redigirt bekannt sind, eine Nachricht von einer abermaligen Maaßregel der russischen Regierung, wodurch diese barbarische Macht die unirten Griechen, wie sie ihres Ritus wegen genannt werden, die das entsetzliche Unglück haben, unter jener Botmäßigkeit zu stehen, nach und nach aus der Gemeinschaft der katholischen Kirche zu reißen sucht. In dieser kurzen Berichterstattung stellt der doch katholisch gesinnte Berichterstatter, anstatt die richtigen, auf die verschiedenen durchaus gleichberechtigten Riten der katholischen Kirche sich beziehenden Ausdrücke zu gebrauchen, der Bezeichnung: unirte Griechen, die Bezeichnung: katholisch entgegen, — ohne die geringste unlautere Absicht, aber ohne zu bedenken, daß dadurch im heutigen Zeitungs-Publikum der Wahn

---

*) Augsburger Postzeitung vom 16. April 1869 Nr. 89.

erweckt, resp. genährt werden muß, als seien die unirten Griechen gewissermaaßen gleichsam **mangelhafte, unvollständige Katholiken, ein geduldetes Anhängsel** und nicht ein allen anderen vollkommen gleichstehender Theil der heiligen **katholischen Kirche**!

Und solchen bald mehr, bald minder schweren Versündigungen im Ausdruck begegnet man heut zu Tage jeden Augenblick.

Mit Flammenzügen wurde unlängst in einem weit und breit gelesenen Blatte die Frivolität gebrandmarkt, mit welcher die den **unwandelbaren**, apostolischen Glauben der katholischen Kirche definirende — d. h. constatirende und dem etwaigen Widerspruch gegenüber genau formulirende — Thätigkeit eines öcumenischen Concilium in unseren Tagen karrikirt zu werden pflegt.

Diesen Artikeln fehlte nichts als der Ton, welcher dem um die Geschicke der über alles geliebten Kirche, der gemeinsamen Mutter, bekümmerten, dem ihren Schmerz theilenden Sohne, der einem Jeden eigen sein sollte, von welchem das bezeichnende Wort gilt: »dominicis gaudens lucris, damnis moerens:« „**er freut sich alles dessen, was die Sache seines Herrn fördert**, er **trauert** um **alles das, was diese heilige Sache schädigt**. Es klingt nicht wie der Widerhall jenes herben Schmerzes, von welchem die Kirche so früh schon erkannte, daß die Wehklage um denselben in Jeremias, des Propheten, Trauergesängen ertönt, jenes Schmerzes, dessen eigentliche Ursache in deren Worten ausgedrückt ist: Manum suam misit hostis ad omnia desiderabilia ejus, quia vidit gentes ingressas sanctuarium suum, de quibus praeceperas ne intrarent in Ecclesiam tuam. **Es hat der Feind seine Hand auf alles gelegt, was sie Theuerstes und Kostbarstes hatte, denn sie hat die Heiden in ihr Heiligthum treten sehen,** — nämlich: das Walten des Geistes dieser Welt, — **von denen du, o Herr, geboten hattest, daß sie deine Kirche nicht betreten dürften,** — nämlich: daß dieser dem deinigen so entgegengesetzte Geist nimmer und in keinerlei Weise Einfluß gewinnen dürfe in deiner Kirche.

Was soll man aber dazu sagen, wenn in einer bei einer religiösen Gelegenheit gehaltenen Versammlung (zur Feier nämlich des Priester=Jubiläums des heiligen Vaters) ein Redner, mit offenbarer Absicht einen trotzigen Trumpf darauf gesetzt und sich nicht entblödet hat, dahin sich zu äußern, daß „wenn das berufene Concilium beschließen sollte, daß die Papal=Infallibilität und die Meinung der bereits erfolgten Auferstehung der allerseligsten Jungfrau und folglich ihrer Aufnahme im bereits verklärten Leibe in die ewige Seligkeit fortan für Dogmen zu gelten hätten, dies eben nur eine heilsame Demüthigung des menschlichen Stolzes sein würde"! Traut man seinen Augen, wenn man so etwas liest? Und begreift man es, daß kein Beiwohnender diesem frevelhaften Spiel mit dem Heiligsten was es gibt, mit dem Glauben und dem Inhalte der übernatürlichen göttlichen Offenbarung entgegenzutreten, sich verpflichtet erachtet hat?!

In einer Zeit, wo solche Erscheinungen und Abnormitäten möglich geworden sind, da thut es wahrlich Noth, daß die Gläubigen auf das pulsirende Leben des geistigen Leibes aufmerksam gemacht werden, welchem sie angehören, daß sie gewarnt werden vor dem Wahne, als hätten sie lediglich nur hinzunehmen, als sei der Wachsthum der Kirche gleich dem des unorganischen Körpers, während es vielmehr das des Organismus ist, wo stete Wechselwirkung im Geben und Empfangen stattfindet, und wo die edelsten, gottgesetzten Organe demnach nichts Anderes zum Ausdruck bringen können, als was das Ganze, vom Anbeginne seiner Setzung an, von Gott empfangen hat, und unter seinem eigentlichen ewigen, hochgelobten und gepriesenen göttlichen Haupte bewahrt.

Denn auch dieser Ausdruck ist ein unbedachter, ungenauer und daher schädlich gewordener: die alte Kirche, — wenn man nämlich damit die älteren Jahrhunderte des Zeit-Lebens der Kirche von deren späteren Jahrhunderten lostrennt und so gegenüberstellt. Es gibt nur Eine heilige katholische und apostolische Kirche, und diese Eine Kirche reicht in ihrer unvergänglichen Gestalt des neuen (d. h. des ewigen) Bundes, von dem ersten Pfingsten, zehn Tage nach des Herrn Himmelfahrt, bis zu der einstigen letzten Vollendung und Erfüllung des Gottesreiches. Ihr ist anvertraut derjenige göttliche Wahrheits-Inhalt, den der Menschengeist bei aller Arbeit im Schweiße seines Angesichtes allein aus sich zu schöpfen und mit eigenen Kräften zu finden, nicht vermochte. Er ist ihr anvertraut zu treuer, sorgsamer, liebevoller Erhaltung. Dieser Glaube ist unwandelbar, wie die göttliche Wahrheit selber, von welcher er eine Offenbarung ist. Unwandelbar ist freilich nicht unbeweglich. Es kann und soll wachsen der Reichthum der Einsicht in denselben. Der Vertiefung soll keine Gränze gesteckt sein im Geistesleben, im inneren Leben der Gnade. Was aber nicht allezeit Glaubenssatz war, kann niemals ein solcher werden; das ist der Probirstein der katholischen Wahrheit. Es muß von jedem nachgewiesen werden wie es z. B. hinsichts der Kindertaufe geschehen konnte und daher auch geschah, als von ehrwürdiger Seite ein deßfallsiger Zweifel laut geworden, daß er im Wesen der bezüglichen geoffenbarten Wahrheit liegt und in der unläugbaren deßfallsigen Ueberlieferung der Kirche ausgedrückt worden, sowie Gleiches auch hinsichtlich der außerordentlichen Spender dieses Sacramentes geschehen ist. Latente Glaubenssätze, solche nämlich, welche während nunmehr 1800 Jahren ausdrücklich als solche geläugnet worden, von denen selbst diejenigen, die sie auf das eifrigste als Meinungen verfochten, eingestanden, daß sie nimmermehr als Glaubenssätze zu gelten haben, solche Glaubenssätze sind undenkbar, weil deren Annahme mit dem richtigen Begriffe von dem Wesen der katholischen Kirche und von der Art und Weise ihrer Lebensthätigkeit und Wirksamkeit im directesten Widerspruche steht.

Jedes mustergültige katholische theologische Werk giebt hievon Zeugniß.

Es ist eine betrübende Wahrnehmung, daß die religiösen Lebensäußerungen in der neuesten Zeit von einer Anschauung Kunde geben, die in einem der eben skizzirten wahrhaft katholischen Anschauung ganz entgegengesetzten, todten Formalismus befangen erscheint. Es fehlt eben die rein religiöse Wärme und Innigkeit, wie wir sie in nunmehr ganz verschwundenen Tagen noch gekannt, wie sie damals die Achtung der Ungläubigen oder sonst Mißwollenden und gegen alles Katholische Eingenommenen erzwang und so manches Zeugniß von ihnen zu gewinnen vermochte. Diese wahrhaft und rein religiöse Wärme machte einen solchen Formalismus fast unmöglich.

Zum Theil mag dies in dem unglückseligen politischen Chaos unserer Tage seinen Grund haben und durch die feindselige Wuth und Perfidie verschuldet sein, die denn freilich so geartet sind und sich in solcher Weise bethätigen, daß dem Friedfertigsten die Waffen in die Hand gedrückt werden.

Zum Theil muß es aber auch an einer wirklichen Abnahme in der rechten Methode des religiösen Unterrichts liegen. Es muß durch die neueste Art und Weise desselben weniger Licht und Wärme vermittelt werden. Und in der That, wir können nicht daran zweifeln, wenn wir uns umsehen, wie der Unterricht der Jugend und den Erwachsenen in unseren Tagen zu Theil wird. Dem entsprechen denn auch die Resultate.

Je weiter nun der Unglaube und der grassseste Materialismus um sich greifen, desto dringender werden wir dadurch an die heilige Pflicht gemahnt, die Hände nicht ruhen zu lassen. Es ist Noth an Mann. Jeder muß zugreifen, auf daß mit Gottes Hülfe dem Verderben gewehrt werde. In jede Familie bringt die entsetzliche Seuche ein. Die Kinder, kaum mündig geworden, wenn nicht schon eher, verlassen die Glaubenspfade, die ihre Aeltern noch gewandelt. Seine Theuersten, die ihm von Gott Anvertrauten, werden einem Jeden geraubt, oder es droht ihm doch das schwerste Leid, voraussehen zu müssen, einst nicht mit denen, die er für seinen, vermöge der natürlichen Bande, theuersten Schatz, in der höheren Ordnung Gottes aber für das ihm anvertraute kostbarste Gut erachtet, gemeinsam hintreten zu können vor den ewigen Richterstuhl.

Dagegen hilft nur, nebst ächtem Gebet, die treue Arbeit, um die richtigere und tiefere Einsicht zu verbreiten.

Hiezu möchten wir gerne, unter Gottes Schutz und Beistand, in dem verhängnißvollen Zeitmoment, an welchem wir angelangt sind, durch die vorliegende Erörterung das Unserige beitragen. Möchte der göttliche Segen unserem Beginnen nicht entstehen!

Möchten die hochwürdigsten Herren Bischöfe unserer bescheidenen Erörterung ein geneigtes Gehör schenken, und nicht minder der ganze hochwürdige Clerus, unsere Mitchristen aber, nach Anleitung des hier, wenn auch noch so ungenügend Vorgetragenen, wo es geboten erscheint, ihre Anschauung der kirchlichen Angelegenheiten und ihr Verhalten zu denselben berichtigen.

Und sollten wir nur wenigen, und wenn nur einer einzigen Familie, und wenn nur einer einzigen Seele genützt haben, so wird unser Lohn, hoffen wir, nicht verloren sein. Denn welch einen die ganze materielle Welt in all' ihrer von dem Schöpfer Kunde gebenden Größe und Pracht weit -überwiegenden Werth hat nicht eine einzige Menschenseele, für welche der Gottmensch in dieser Knechtsgestalt gelebt, gelitten und sein Blut vergossen hat!

Die Kirche Gottes und die Bischöfe.

1.

Die Kirche ist ein lebendiger Organismus. Sie gliedert sich unter ihrem ewigen, wahren und eigentlichen Haupte, Jesu-Christo, unserm Herrn und Erlöser, in der Art, daß sie in ihren bis zuletzt getreu erfundenen, und ihrem wesentlich un-sterblichen Theile nach bereits vollendeten Gliedern ihr Ziel bereits erreicht hat, den Siegespreis der Hauptsache nach bereits empfan-gen erblickt, in ihrem **kämpfenden Theile** aber noch um den-selben ringt, während ihr ausschließlich **leidender** Theil unter reinigenden Schmerzen die Wunden ausheilt, welche in dem Kampfe um die Krone des Lebens und während dessen Dauer der **in-nere Feind** und die feindliche Geisterwelt unterhalten oder gar immer wieder neu geschlagen, so daß die vollkommene Heilung **dießseits** nimmer gelingen wollte, und die der unendlichen Hei-ligkeit Gottes geschuldete Sühnung zu ihrem gerechten Maaß nimmer hatte gelangen können.

In seiner **vollen** Gesammtheit umschließt dieser Organis-mus als **das Reich Gottes** auch die selige Geisterwelt, wie z. B. der heil. Augustinus (in seinem Enchirid. c. 56) schön her-vorhebt und näher präcisirt, und dabei auf Ephes. III, 15 ge-stützt ist.

Im engeren Sinne aber ist dieser Organismus auf die Menschheit beschränkt, deren unterscheidendes Merkmal die Verei-nigung **der geistigen und der materiellen** Natur ist, und die in Jesu Christo nicht allein ihren Schöpfer, ihren König, Herrn und Beseliger, sondern in dankbarer Liebe auch ihren Erlöser und Erretter aus dem selbstverschuldeten Untergang erkennt und anbetet.

Hier haben wir uns nur in Betreff des **kämpfenden Thei**les dieses großen Organismus zu orientiren.

Welche Verfassung hat deren ewiges, wahres und eigentliches Oberhaupt dieser seiner Kirche für ihr Zeitleben gegeben? Wir öffnen die heiligen Schriften des neuen Testamentes; denn es handelt sich ja um die Kirche des neuen, des ewigen Bundes, um die Kirche, von der wir im Glaubensbekenntniß während der Feier der heiligen Geheimnisse bekennen, daß wir glauben an die Eine, heilige, katholische (Alle zu umfassen bestimmte) und apostolische Kirche.

Wir finden darin das hohepriesterliche Gebet unsers Herrn, Joh. XVII. Wir finden, was der Herr laut verschiedener Stellen des Evangeliums ihr verheißen hat, von Seinem innigen Zusammenhange mit ihr, von Seiner Gegenwart, von des heiligen Geistes Walten in ihr und durch sie. Wir finden in den apostolischen Briefen (I. Korinth. XII, Ephes. II. und IV. u. s. w.) die erhabensten Schilderungen dieses heiligen Organismus und seines Lebens, wie es in der Zeit sich bewährt und in der Ewigkeit sich vollendet.

Wir finden **dasselbe** angedeutet in dem ältesten Symbolum oder Bekenntniß des Glaubens und in reicher entfaltetem Ausdrucke in dem Nicänischen Symbolum, wie wir dieses so eben citirt haben.

Wir finden **dasselbe** weiter entwickelt in der reichen Kette der Ueberlieferung der Kirche, d. h. der Zeugnisse ihres Glaubens aus allen Epochen und Perioden ihres Zeitlebens. Da begegnen wir, um **nur einige** zu nennen, wenige an Zahl, aber von charakteristischer Bedeutung und größtem Gewichte, dem großen heil. Ignatius, dem heil. Irenäus im 3. Buche **gegen die Irrlehren** (Cap. 3, 4, 24 u. s. w.) dem heil. Cyprianus, der durch das, was er gewirkt und bezeugt, wie durch das, was er, selbst wo er geirrt, veranlaßt hat, in dieser Lebensfrage gleich wichtig werden sollte, dem heil. Athanasius, dem heil. Augustinus. — „Corpus Christi, sagt dieser letzte zu Psalm 37, est sancta Ec-„clesia" u. s. w., zu deutsch: „Der Leib Christi ist die heilige „Kirche, wie sie über den ganzen Erdkreis ausgedehnt ist, und „wir sind diesem Leibe angehörig, soweit unser Glaube in dem= „selben rein und aufrichtig, unsere Hoffnung wohlbegründet, un= „sere Liebe erleuchtet und entbrannt ist." Das ist nämlich das Maaß der Lebendigkeit und somit der Dauer und Innigkeit un= serer Angehörigkeit. — Und so geht es durch alle Zeiten weiter, (wir werden noch Gelegenheit haben, es hin und wieder zu constatiren) bis auf unsere neuesten Tage herab.

Und sehen wir uns nun nach den Definitionen um, welche die Lehrbücher uns geben, die Katechismen und diejenigen, welche für Theologen verfaßt worden.

In Beziehung auf die wissenschaftlichen Lehrbücher der Theologie finden wir in keinem mustergültigen derselben — aus der durch die Kirchenumwälzung gewarnten Zeit seit der zweiten Hälfte des 16. Jahrhunderts — eine andere, als diejenige, welche im We= sentlichen in folgenden Worten zusammengefaßt ist: „Die kämpfende „Kirche (oder die Kirche in diesem Zeitleben) ist die Gemeinschaft „der im zeitlichen Leben befindlichen Getauften, wie sie Christus „der Herr gestiftet und gegründet, wie sie durch die inneren Bande „des Glaubens und der Liebe und durch die äußeren Bande „des Bekenntnisses und der kirchlichen Communion (communicatio „in sacris), unter der geistlichen Leitung und Regierung der recht= „mäßigen Hirten verbunden ist, deren erster der Nachfolger des „heil. Petrus ist, den wir deßhalb vorzugweise den Papst nennen." (Coetus hominum viatorum baptizatorum, a Christo Domino institutus et fundatus, tum internis fidei et charitatis, tum externis professionis fidei et communionis catholicae vinculis colligatus, sub regimine legitimorum Pastorum quorum pri- mus est D. Petri successor.)

Was die Katechismen anbelangt, so hat es deren schon lange viele sehr mittelmäßige gegeben, — wenn auch wohl kaum jemals so **äußerst** mangelhafte, als uns gerade heut' zu Tage deren oft aufstoßen, — aber es gab deren auch, früher, bis in die allerneuesten Zeiten, bis in unsere Tage hinunter, mehr oder minder gute und selbst theilweise vorzügliche.

Wir begegnen in einem der vorzüglichsten Katechismen, an denen die Kirche Frankreichs, aus ihrer großen herrlichen Vergangenheit bis auf unsere Tage so reich war, der

Frage: Worin bestand der Rathschluß Gottes in dem Werke unserer Erlösung?

Antw.: Dieser göttliche Rathschluß bestand darin, daß Er sich ein frommes und gerechtes Volk bildete, welches Ihm den gebührenden und Seiner allein würdigen Dienst darbrächte und erwiese.

Frage: Wer ist dieses Volk?

Antw.: Dieses Volk ist die Kirche. Denn die Kirche ist der geistliche Leib Christi; Christus ist das Haupt dieses Leibes; er ist das Haupt, durch welchen der ganze Leib, zusammengefügt und vereint durch jegliches Band der Mithülfe, nach der einem jeden Gliede zugemessenen Wirksamkeit Wachsthum bekommt zu seinem Gedeihen in Liebe, — Ephes. IV, 15, — und die Bösen sind somit in diesem Zeitleben des geistigen Leibes Christi nur das, was böse Säfte und kranke Glieder am natürlichen Leibe sind.

Und in einem anderen ganz vorzüglichen, in Italien wie in Frankreich, und zwar in Italien noch 1776 und 1777 approbirtem Katechismus lautet die bezügliche

Frage: Was ist die Kirche im allgemeinsten und umfassendsten Sinne des Wortes?

Antw.: Die Kirche ist die Gemeinschaft aller Gläubigen und aller Gerechten aller Zeiten, welche einen und denselben

Leib bilden, dessen ewiges, wahres und eigentliches Haupt Jesus-Christus, und dessen Seele der heilige Geist ist.

Es wird dann gehandelt in kurzen, lichtvoll geordeten Fragen und Antworten von unseren ersten Aeltern vor und nach dem Sündenfall, und von den Gläubigen und Bekennern der Vorwelt und des alten Bundes, von der triumphirenden, leidenden und kämpfenden Kirche, als den verschiedenen Zuständen und gleichsam Abtheilungen der Einen Kirche, und von dem Grund der Bezeichnung der Kirche in diesem Zeitleben als der kämpfenden. Dann heißt es (I. Theil, Kap. III, §. 10)

Frage: Was ist die Kirche in dem Zustande betrachtet, in welchem sie sich in diesem Zeitleben auf Erden befindet?

Antw. In diesem gegenwärtigen Zustande ist die Kirche die Gemeinschaft der Gläubigen, die unter der geistlichen Leitung und Regierung der rechtmäßigen Hirten, der mit dem stellvertretenden Priesterthum Jesu Christi ausgerüsteten, nur Einen und denselben geistigen Leib bilden, dessen wesentliches und unsichtbares Haupt Jesus Christus ist, während dessen ministerielles und sichtbares Oberhaupt*) der römische Bischof ist, daher derselbe als Stellvertreter Jesu Christi in dieser Eigenschaft zu betrachten ist.

---

*) Es ist dieses der treffliche exacte Ausdruck des französischen Originals und überhaupt der französischen theologischen Sprache: chef ministériel. Der Papst ist nicht allein nur in der Weise Oberhaupt der kämpfenden Kirche, wie ein Diener — Minister — seinen Herrn vertritt, sondern er ist es auch nur insoweit, als er der erste, der Vorsitzende des gesammten Episcopats, also des gesammten Ministeriums der Kirche und daher das Centrum der sacerdotalen Einheit ist. — Wie aber neben dem heiligen Petrus der heilige Paulus in einer bevorzugten Stellung erscheint, so erweckt der Herr zu Zeiten in seiner Kirche außerordentliche Männer und Zeugen, deren jeden Er für das bezügliche Bedürfniß und die betreffende Zeit alsdann zu einem Centrum der doctrinellen Einheit bestellt. So war es mit dem heiligen Athanasius und ist es nach diesem noch mit manchem Anderen so geworden.

Nach einigen weiteren Fragen, über die Entstehungszeit und das Wesen der Kirche des neuen Bundes, also der katholischen Kirche, folgt die Frage: Was verstehst du unter den **rechtmäßigen Hirten?** Antw. Ich verstehe darunter die Bischöfe und die Priester, die durch eine ununterbrochene Reihenfolge die Nachfolger der Apostel und der ersten Jünger unsers Herrn Jesu Christi durch deren solchergestalt auf sie überkommene Autorität geworden sind (succèdent à l'autorité des apôtres et des premiers disciples de Jésus-Christ).

Darauf folgen in einer Reihe §§ die herrlichsten Belehrungen über den Körper und die Seele der Kirche, über die, so nur **dem einen**, und die, so **beiden** angehören, und über die Kennzeichen und die Vorzüge der Kirche, nebst allem was sich daran knüpft (z. B. bei Gelegenheit ihrer Unfehlbarkeit, worin dieselbe besteht, worauf sie sich bezieht, wie sie sich bewährt, die beiden Arten wie die Kirche, versammelt nämlich oder nicht versammelt, ihre Entscheidungen in Sachen des **ihr** anvertrauten Schatzes der übernatürlichen göttlichen Offenbarung trifft, und wie die Gläubigen sich zu verhalten haben **vor** einem unzweifelhaften Richterspruch **der Kirche** in Beziehung auf Fragen, welche in deren Schooß controvers sind), über die Gemeinschaft der Heiligen, die Erlassung der Sünden und die Pflichten der Gläubigen gegen die Kirche, unsere Mutter.

Was ist nun ach! aus diesem Licht und Wärme vermittelnden Unterricht in unsern Tagen, besonders seit etwa 15—20 Jahren, nach und nach geworden?

Daß wir es **in wenigen Worten** sagen: im vermeintlichen Interesse des Primates hat dessen Herrlichkeit die des Episcopates in der Meinung des christlichen Volkes aufzehren müssen, und dieses Volk ist weniger, denn je, seit den schweren Tagen des 16. Jahrhunderts in der Religion unterrichtet, — ja, es ist eine Frage, ob es selbst dazumal unter uns **in der Religion** durchgängig so mangelhaft unterrichtet war, wie wir es jetzt mit dem tiefsten Schmerze gewahren.

Und doch ist der Primat durch den Episcopat bedingt, nicht umgekehrt dieser durch jenen, und doch wurzelt die Bedeutung und Größe des Primats lediglich in der Bedeutung und Größe des Episcopats, wie der heilige Papst Gregorius der Große es so schön hervorgehoben hat.

Und keineswegs ist es gleichgültig, daß das christliche Volk über diesen Punkt so un richtige Vorstellungen hegt. Vielmehr ist gerade dieser traurige Umstand Schuld an der immer größeren Verkümmerung des kirchlichen Lebens, wie denn überhaupt im Christenthume das wahre Licht und das wahre Leben unzertrennlich sind, dergestalt, daß die Beeinträchtigung des einen die des anderen in seinem nothwendigen Gefolge hat. Ein verdunkeltes Licht der göttlichen Wahrheit läßt so wenig ein durchgängig rechtes und nachhaltiges Leben aufkommen, als ein von Hochmuth angefressenes und überhaupt ein unheiliges Leben sich auf die Dauer mit dem wahren Lichte vollkommen vereinigen ließe und vertragen könnte.

So lange nun das christliche, das christkatholische Volk in unsern Tagen noch den historischen Glauben festhalten und in seinen besseren Gliedern sogar bemüht sein mag, und zum Theil wirklich bemüht ist, zu einem lebendigen Glauben sich mit der Gnade Gottes hindurchzuringen, oder in solchem getreu zu verharren und also zu wachsen, kommt es zwar leider! darüber, und zwar eben aus Mangel an religiöser Einsicht, fast niemals zum klaren Bewußtsein, wie unverantwortlich mangelhaft seine Erkenntniß der Schätze der wahren Gotteslehre ist, und wie locker daher der Zusammenhang seines Lebens mit dem Leben der gesammten Kirche.

Je weniger nun aber das christliche Volk zu diesem Bewußtsein gelangt, je fremder ihm jedes deßfallsige Gefühl sogar bleibt, desto größer ist die Gefahr.

Das christliche Volk hat kein warmes Interesse an dem trockenen Schemen, den man ihm an die Stelle der lebendigen und lebensvollen Idee der katholischen Kirche untergeschoben hat.

Schreiber dieser Zeilen weiß, daß wenn ihm keine andere Vorstellung von der Kirche in den mühevollen religiösen Kämpfen seiner Jugend aufgegangen wäre, er der Häresie und dem Subjectivismus unrettbar verfallen wäre. — Und er weiß, daß es manchen Anderen im gleichen Falle nicht anders würde gegangen sein, und zwar gerade solchen, denen es Ernst war um ihr Heil.

Jener Schemen, welchem es gelungen ist, an die Stelle der lebendigen Idee von der Kirche unterzuschieben, was bietet er dem Gläubigen? Höchstens — **wenn er in Wahrheit beruhte** — würde er dem Einzelnen das Mittel bieten, für sich des Besitzes der religiösen Wahrheit auf die leichteste, aber rein mechanische Art sich vergewissern, in jedem gegebenen Moment verificiren zu können, ob er sein religiöses Denken in geregeltem Gang hält mit der maaßgebenden Uhr.

Nun; da kann er gar leicht dazu kommen, erst dunkel zu empfinden, und wenn dann von außen und von innen die Versuchungen, wenn der Spott und der Hohn der Welt in allen denkbaren Gestalten auf ihn einstürmen, endlich auszurufen: was ist mir Hekuba? Er kommt dann gar leicht dazu die Kirche als eine Anstalt zu betrachten, die er, als wäre er ihr fremd, kritisirt; es wird ihm immer unbehaglicher in ihr, und zuletzt ist er ganz von ihr losgelöst, wenn er es in den meisten Fällen auch nicht der Mühe werth hält, oder aus irgend welchen dieser Welt angehörenden Gründen es unterläßt, dieß äußerlich laut zu bekunden.

Der Katholik dagegen, der die richtige Idee von der Kirche gewonnen hat, der ist mit der Kirche unzertrennlich verbunden — sofern die Sünde den Glauben nicht in ihm ertödtet hat. — Ein solcher Katholik weiß, was die Kirche ist. Keine Entstellung und Verdunkelung in ihr vermag ihn dazu an ihr irre zu werden! Er fühlt ihre Leiden; sie sind die seinigen. Ja, wenn ihn mensch=

liche Tyrannei in ihr sogar mit dem schwersten bedrohen sollte, mit Leiden, die dem christlichen Sinne ärger sind als alle körper=lichen Leiden, mit der — ungerechtfertigten — Anwendung näm=lich jener äußersten geistlichen Strafmittel, die einzig zum Zweck des Belebens und Bewahrens, nicht aber des Ertödtens der Kirche von ihrem göttlichen Haupte anvertraut worden, so spricht er mit David, da ihn der König Saul verfolgte: Si Dominus incitat adversum me, odoretur sacrificium: si autem filii hominum, maledicti sunt in conspectu Domini, qui ejecerunt me hodie, ut non habitem in haereditate Domini, dicentes vade, servi diis alienis!*) (Ist es der Herr der dich bewegt so gegen mich zu handeln, so wolle er das Opfer wohlgefällig auf=nehmen, sind es aber nur die Menschenkinder, so wird des Herrn Strafgericht diejenigen treffen, die mich heute hinausgewiesen haben, auf daß ich meines Antheils beraubt werde an dem Erbtheile, so des Herrn ist, indem sie zu mir gesagt: gehe hin und diene fremden Göttern!). Niemals gibt ein solcher Katholik dieser herzlosen Aufforderung Folge, welche durch solche That an ihn ergeht, sondern er verhält sich alsdann so, wie es der heil. Au=gustinus in so ergreifender Weise und in den kürzesten Worten schildert in seinem Büchlein: de vera religione (von der wahren Religion), cap. IV.**) (auf Deutsch: Zwo Schriften des heil.

---

*) I. Buch der Könige (oder Samuel's) XXVI, 19.
**) Die Stelle lautet: „Oft auch läßt die göttliche Vorsehung es zu, daß selbst gute Männer, durch von fleischlich gesinnten Leuten verursachten gährenden Zwiespalt aus der katholischen Gemeinschaft verstoßen werden. Tragen sie nun diese Schmach oder dieses Unrecht mit der äußersten Geduld, um (so viel an ihnen) den Frieden der Kirche nicht zu stören; erregen sie keine Neuerung, weder der Spaltung noch der Irrlehre; so werden sie durch Beispiel die Menschen lehren, mit welcher wahren Innig=keit und mit welcher Lauterkeit der Liebe man Gott dienen müsse. Denn das Vornehmen solcher Männer ist, entweder, nach gelegtem Sturm zu=rückzukehren, oder, wofern ihnen das gewehrt wird, sei es, weil das Unwetter noch dauert, vielleicht auch, auf daß kein neues und noch un=

Augustinus von der wahren Religion und von den Sitten der katholischen Kirche übersetzt von Friedrich Leopold Grafen zu Stolberg und (durch diesen trefflichen Convertiten von ächtem Korn und Gehalt) mit Beilagen und Anmerkungen versehen. Münster in der Aschendorff'schen Buchhandlung verlegt. Ohne Jahreszahl, muß aber von 1801 oder 1802 sein.) — Die Kirchengeschichte bietet der Beispiele solchen ächt katholischen Verhaltens genug dar, niemals aber da, wo die rechte Lehre von der Kirche, ihrem Wesen und ihrer göttlichen Verfassung eine so bedeutende Verdunkelung erfahren hat, wie wir sie in unseren Tagen nicht etwa nur bei einzelnen auf die Spitze getrieben, sondern wirklich in dieser maßlosen Uebertreibung, in Folge der traurigen Einwirkung der allgemeinen Zeitereignisse auf die kirchlichen Verhältnisse, allgemeiner als je verbreitet sehen.

II.

Welches ist nun in Beziehung auf die Reinerhaltung des wahren Glaubens, wie ihn die katholische Kirche durch die Apostel des Herrn erhalten hat, der Vorzug den diese Kirche vor jeder anderen Gemeinschaft von ihrem göttlichen Haupt erhalten hat? Wie könnten wir das besser ausdrücken, als es in den Worten Möhler's in seiner Symbolik (5. Kapitel, Lehre von der Kirche, § 38, S. 362—364 Ausgabe von 1835) geschehen ist? Es wird darin ausgeführt, daß die Kirche in Betreff der Untrüg-

---

gestümeres sich erhebe, selbst denen zu nützen, deren Aufstand und Verwirrung sie Raum gegeben; und ohne Absonderung einer Winkelschule und fern von jeder Spaltung und Trennung bis zum Tode zu vertheidigen und durch ihr Zeugniß zu bewähren den Glauben, von dem sie wissen, daß es derjenige ist, den die katholische Kirche bekennt. Solche krönt „im Verborgenen der Vater, der in's Verborgene schaut." (Matth. VI., 18.) Dieser Fall scheint selten, doch fehlen die Beispiele nicht, ja ihrer sind mehr, als man glauben sollte." So weit der heilige Augustinus an der angezogenen Stelle.

lichkeit ihrer Auslegung des göttlichen Wortes, insoferne es sich dabei um das einzige handelt was zur Erlangung des ewigen Lebens erforderlich ist, um den wahren und ächten Inhalt der übernatürlichen göttlichen Offenbarung, um das also was wir zu glauben haben um unser Seelenheil zu wirken, nur insoferne einen Vorzug auf Erden hat, daß sie, als unmittelbare göttliche Stiftung, die aus diesem Zeitleben in die Ewigkeit sich hinüber setzt, niemals jene Lebensfähigkeit verlieren kann, welche einer jeden Gemeinschaft vollkommen muß abhanden gekommen sein, ehe „der lebendige Faden zerreißt, der die Gegenwart mit der Ver= „gangenheit verknüpft, so daß schlechterdings keine Gesammt=Action „mehr zu Tage gefördert werden kann, daß Alles in sich selbst ver= „wirrt, voll von Kampf und Widerspruch das Gemeinsame nicht „mehr findet, oder vielleicht gerade darin findet, daß der Wider= „spruch als das Leben gerühmt wird, wo alsdann die bezügliche „Gemeinschaft, welcher Art sie auch sei, ohne Zweifel ihrem Unter= „gange nahe, das eigenthümliche Bildungsprincip bereits erstarrt „ist. Der Typus aber, nach welchem die bezügliche Infallibilität „oder Untrüglichkeit der Kirche gestaltet ist, ist der allen lebens= „fähigen Gemeinschaften eignende: jedes das Lebens= „princip des Ganzen verletzende Moment mit Sicherheit zu ent= „decken und nöthigenfalls auszustoßen. — Demnach sind alle „dogmatischen und moralischen Entwickelungen, die „als Ergebnisse förmlicher Universal=Thätigkeiten „betrachtet werden können, als Aussprüche Christi selbst zu „verehren und Sein Geist kehrt in all' denselben wieder."

Wir sehen, daß Möhler, wie von ihm nicht anders zu er= warten, auf dem Standpunkt sämmtlicher Kirchenväter, ohne eine einzige Ausnahme und aller wirklich großen und muster= gültigen katholischen Theologen aller Jahrhunderte steht: wenn von unfehlbaren Aussprüchen in Glaubenssachen die Rede ist, so können es nur solche sein, die als Ergebnisse förmlicher Universal=Thätigkeiten betrachtet werden können,

— daher, wie wir schon hier einschalten wollen; der edle Convertit, Graf Stolberg, eben in der angezogenen Uebersetzung zweier kleinen Schriften des heiligen Augustinus, in der letzten Anmerkung, S. 348—349, über die Verläumdung der katholischen Kirche durch einen angesehenen protestantischen Theologen in der (damaligen) neuen Berliner Monatsschrift 1801 sich beschwert, als anerkennte sie ein sichtbares Oberhaupt, welches Dogmen vorschreiben könne, und als glaube sie an die Infallibilität des Papstes.

Dasselbe, was uns eben Möhler gesagt, ist auch mit siegreicher Macht in der Conferenz (oder dem Religionsgespräch) Bossuet's mit dem protestantischen Theologen Claude durch jenen großen Bischof und Kirchenlehrer der neueren Zeiten durchgeführt. In dieser Conferenz handelte es sich ausschließlich von der Kirche, von dem was der Glaube an die Kirche im apostolischen und nicaenischen Symbolum zu bedeuten hat. In dem ergreifenden Augenblick, in welchem Claude das Argument macht, daß die Autorität der Synagoge zur Verwerfung unseres Erlösers autorisirt, ja, verpflichtet haben würde, wenn die katholische Lehre von der Kirche auf Wahrheit Anspruch machen könne, — und wo jener große und fast in allen Stücken unübertroffene und mustergültige Lehrer und Kämpe der katholischen Kirche *) sein Herz zu Gott erhebt, daß Er ihm geben möge die schmähliche Unwahrheit dieses verfänglichen Trugschlusses den Zuhörern, die, bis auf eine einzige Person, sämmtlich Protestanten waren, recht einleuchtend zu machen, und nun mit der ganzen siegreichen Gewalt der Wahrheit entwickelt, wie allezeit eine in Glaubenssachen unfehlbare lebendige Autorität in diesem Zeitleben vorhanden gewesen und vorhanden sein wird, — woran sie zu erkennen, — wie sie sich bethätigt, — da fällt es ihm entfernt nicht ein, — so wenig wie in irgend einer seiner Schriften, und so wenig wie irgend

---

*) S. Anhang 1.

einem der auch, nur einigermaaßen namhaften katholischen Controversisten, — der Papal-Infallibilität auch nur als einer Möglichkeit, als einer Hypothese zu erwähnen.

Zu gut wußten diese großen Männer, daß Gottes Wege anders geartet sind, daß **geordnetes Leben** von ihm ausgeht, welches sich in Beziehung auf die Erkenntniß, wie in Beziehung auf die That und Gesinnung hindurchzuringen hat, oft in schweren Kämpfen, welche freilich eine gar bequeme Erledigung gefunden hätten, wenn die Meinung der Infallibilität des ex cathedra redenden Papstes — wie die Bedingungen dieser Entscheidungen ex cathedra auch formulirt werden mögen — der Ausdruck einer göttlichen Setzung wäre. Es würde dieses jedoch ein Mechanismus, also die Negation des Lebens gewesen sein. —

Bossuet adoptirt in der Conferenz den von Claude gebrauchten Ausdruck: „daß die Apostel auters de révélation" d. h. ursprügliche Organe der göttlichen Offenbarung gewesen, während die Kirche nur darauf einen Anspruch erheben könne dieselbe richtig zn interpretiren, und entwickelt dann wie die Kirche ebenso bei dieser Interpretation geschützt und geleitet werde, wie die Apostel von demselben heiligen Geiste bei der ursprünglichen Uebermittelung und Formulirung des Offenbarungs-Inhaltes geleitet worden.

In diesem der Kirche obliegenden Werke aber, wie in dem der Rechtfertigung und Heiligung eines jeden einzelnen Gliedes der Kirche, geht göttliche That und Leitung und menschliche Thätigkeit fortwährend in Verbindung vor sich. In dieser Bewährung der göttlichen Wirkung in der menschlichen That besteht, wie das Leben des einzelnen Gliedes, so das Leben der kirchlichen Gesammtheit. Sie bedingt die Anstrengungen welche der Einzelne machen muß, sie bedingt auch die Anstrengungen welche der Kirche obliegen um ihrer hohen Aufgabe gerecht zu werden. — **Denn das Himmelreich leidet Gewalt. (Matth. XI, 12.)**

Und allerdings sind in diesen Anstrengungen, in diesen Kämpfen auch die Gefahren gegeben, die der Kirche bis zu deren letzten Vollendung drohen. In Folge dieser Hindernisse die zu überwinden, dieser Gefahren die zu bestehen sind, treten in ihrem Zeitleben hin und wieder Perioden der Verdunkelung ein, deren gefährlichste, weil complicirteste und allgemeinste diejenige ist, in welcher wir uns in unseren Tagen befinden. Sie scheint allerdings die Kennzeichen an sich zu tragen, die der Mund der ewigen Wahrheit selbst in so prägnanten Worten ausgedrückt hat: **Wird des Menschen Sohn, da Er kommt, wohl den Glauben finden auf Erden** (Luc. XVIII, 8), und: **Es würden alsdann in Irrthum verführt, wenn dieß möglich wäre, auch die Auserwählten** (Matth. XXIV, 24), — Worte unseres Herrn, deren Tragweite die Heiligen zu allen Zeiten, mit Staunen und heiligem Zittern erfüllt haben, die uns, Zeitgenossen wenigstens der schon weit vorgeschrittenen Verwirklichung, leider! fast kalt und gleichgültig lassen, als gingen sie uns gerade gar nichts an, und die doch allein uns begreiflich machen können dasjenige was wir auf beiden Gebieten, dem heiligen sowohl als dem profanen, erleben!

Von diesen Verdunkelungen wußten nicht allein die Kirchenväter, und erkannten eine erste derselben in der so intensiven, so lange dauernden und nur mit solcher Mühe überwundenen des Arianismus, in deren Verfolge der heil. Athanasius schon aufmerksam darauf gemacht, daß keineswegs **die große Zahl in der Kirche allezeit in dem vollen und ausdrücklichen expliciten Besitz der ganzen Wahrheit sei**, die den Schatz der eben dieser Kirche anvertrauten wahren Gotteslehre bildet. — Von diesen **Verdunkelungen** wußten auch die Vertreter des Curialismus*), als derselbe

---

*) Wir gebrauchen niemals das Wort Ultramontanismus. Diese Bezeichnung scheint uns gänzlich verfehlt, einmal weil sie das Wesen der Sache nicht trifft, sondern von einer Zufälligkeit, einer geographischen Landeslage entlehnt ist, daher sie außerhalb Frankreichs und des nördlichen Europa, oder, in letzter Beziehung eigentlich nur Deutschlands, ganz unbrauchbar sein würde, wenn man bei den Worten, die man gebraucht,

schon vollkommen ausgebildet war, ehe dieses System aber sich so zugespitzt hatte, wie dieß, — wenigstens in den wissenschaftlichen und auf kirchliche Lehrautorität Anspruch machenden Vertretern desselben, — erst in den allerneuesten Zeiten, d. h. nach und nach in den letzten 38, besonders aber in den letzten 20 Jahren geschehen ist.

Zum Beweis dessen wollen wir einen anführen, den Cardinal de la Torrequemada, gewöhnlich lateinisch genannt: a Turrecremata. Dieser entschiedene Anhänger des damals schon vollkommen ausgebildeten Systems des Curialismus, welchem freilich

---

sich um deren Sinn bekümmerte, und daher sie namentlich in Italien selbst, welches Land sehr große, sehr heilige und auch zahlreiche Gegner des verderblichen System's, welches unter diesem Namen bezeichnet werden soll, aufzuweisen hat, event. in Cismontanismus umgewandelt werden müßte, dann aber auch, weil sie aus dem angegebenen Grunde gegen Italien ungerecht ist. (Und zwar verstehen wir unter Italien nur die alte Nation, ohne im Geringsten dabei an die monströse Aneinanderschweißung zu denken, welche der Absolutismus der Revolution mit diesem Namen jetzt zu belegen beliebt.) Ferner ist diese Bezeichnung, die nach Zeit und Gelegenheit und in den Landschaften, für welche sie äußerlich passend erscheint, allenfalls geduldet werden konnte, für Deutschland und die jetzige Zeit wenigstens, in unseren Tagen der religiösen Verwilderung, Verkommenheit und Verwirrung nämlich, vollends, unseres Erachtens, gar nicht mehr annehmbar, weil unter der Bezeichnung „ultramontan" das Beßte wie das Verzerrteste gleicherweise gemeint wird, wenn die Feinde und Verächter der Religion das Wort gebrauchen, die mit um so größerer Dreistigkeit über dieselbe die Kreuz und die Quere reden und sie lästern, als sie nicht das geringste von ihr wissen, noch auch darüber lernen wollen, daher denn die Begriffsverwirrung — die immer das schlimmste ist — durch den Gebrauch dieser Bezeichnung noch immer steigt, zum größten Schaden der Religion und, bei uns in Deutschland, zugleich auch des irdischen Vaterlandes. Dagegen bezeichnet das Wort Curialismus das Wesen und den Sitz des Uebels. Jenes ist die Hofgesinnung, die schon der heilige Basilius der Große in ihren ersten Anfängen herausfühlte und scharfem Tadel unterwarf und die seitdem riesig ausgewachsen ist, und der Sitz des Uebels ist: die Curie, der Hof, der den heiligen Stuhl umlagert und den beklagenswertheften Einfluß fortwährend auf ihn ausübt.

die Curialisten vor jetzt 150—100 Jahren schon hinter sich gelassen hatten, während der schwindelhafte Curialismus der letzten 40 bis 20 Jahre ihn gar nur als schwachen Anfänger betrachten kann, spricht in seiner Summa de Ecclesia (libr. III c. 60) davon, wo er sagt: nunquam fides deficiet de ecclesia, quoniam semper in aliquibus, multis aut paucis, fides permanebit usque in finem: d. h. „Der Glaube werde nie aufhören „der Kirche eigen zu sein, weil allezeit in einigen Gliedern, mögen „es viele, oder [wie zu Zeiten] nur wenige sein, der Glaube „[vollkommen, rein und unversehrt] bleiben und sein werde bis „zum Ende." — (Was a Turrecremata an derselben Stelle, entsprechend seinen curialistischen Ansichten, hinzufügt, gehört nicht hierher, und steht auch mit dieser eben ausgedrückten alten Wahrheit, die durch Ueberlieferung auf ihn gekommen, in unvereinbarem Widerspruch, wie leicht gezeigt werden kann. Die vergleichsweise neue irrige Ansicht stimmt eben auch hierinfalls nicht zu der alten überlieferten religiösen Wahrheit.*)

Und nun treten wir der Frage näher: welches ist die Stellung und die organische Funktion der Bischöfe in der Kirche und speciell im öcumenischen Concilium?

Die Bischöfe, als Inhaber der Fülle des von unserem Herrn und Erlöser Jesu-Christo zu seiner Stellvertretung in der Auswirkung seines Werkes bis zum Ende dieser jetzigen Welt gestifteten und mit den dazu erforderlichen Vollmachten ausgerüsteten ministeriellen Priesterthums,**) welches in dem nur eben durch die Bischöfe gültig zu ertheilenden Sacrament der Priesterweihe übertragen und fortgepflanzt wird, dessen Empfang, gleich dem der Taufe und der Confirmation (oder Firmung), einen unauslöschlichen Charakter der Seele des Betreffenden eindrückt, daher die Bischöfe den einfachen Priestern übergeordnet sind in der geistlichen

---
*) S. auch c. 65 desselben 3. Buches desselben Werkes.
**) Wir nennen es „ministeriell" zum Unterschied von dem geistigen Priesterthum, zu welchem jeder Christ berufen ist.

Regierung der theuer erkauften Heerde; die Bischöfe sind dem bereits Gesagten zufolge, vom heiligen Geist gesetzt, um die Kirche Gottes zu regieren. (Apost.=Gesch. XX, 28.)

Sie sollen das nicht thun um schnöden zeitlichen Gewinnes halber, worin derselbe auch bestehen mag, nicht ungern und widerwillig, nicht in der Weise, wie in der Welt geherrscht und regiert wird, sondern mit Liebe und als Vorbild der Heerde. (I. Petr. V, 2—3 incl.) —

Wohlgemerkt: es sind die Apostelfürsten Petrus und Paulus, die also von der erhabenen Würde der Bischöfe reden und von den Verpflichtungen, die ihnen diese auferlegt, von der Bedeutung also und den Funktionen des Episcopats der katholischen Kirche. —

Sie haben, geschaart um den ersten von ihnen, und unter Mitwirkung ihrer Brüder, der einfachen Priester, im Geiste steter brüderlicher Berathung die Kirche Gottes zu regieren.

Diese Berathung tritt im feierlichsten Maaße in die Wirklichkeit, wenn ein Concilium von öcumenischem Charakter gehalten werden soll.

Wenn irgend wo und zu irgend einer Zeit, so ist es zur Zeit und bei der Abhaltung eines solchen Conciliums, daß die zum bischöflichen Ordo Gehörenden als die höchsten und edelsten gottgesetzten Organe der Kirche*) zu fungiren und sich zu bewähren haben.

Denn zu keiner anderen Zeit und bei keiner anderen Gelegenheit soll sich unverkennbarer und deutlicher bewähren die Verwirklichung der der Kirche gewordenen Verheißung: daß ihr Herr und Haupt bei ihr bleiben werde bis zum Ende der Welt, und daß der heilige Geist sie leiten und führen werde in alle Wahrheit.

Es hat sich dies auch unter den schwierigsten Umständen bewährt, selbst da, wo in solchen Versammlungen in mannichfacher Weise der heilige Geist betrübt worden ist.

---

*) S. unsere Einleitung S. 4, Zeile 18—30.

Aber unerläßliche Bedingung ist freilich, daß die Bischöfe ihren wesentlichen deßfallsigen Funktionen nicht untreu werden und entsagen, daß sie sie erkennen, und wenigstens in Betreff des Urtheils in Glaubensachen, in dogmatischen Fragen, getreulich erfüllen.

Denn das Privilegium, von welchem es sich hierbei handelt, ist so ganz nur der gesammten Kirche eigen und so durchaus unmittheilbar, daß ein wahres öcumenisches Concilium, d. h. ein nicht allein legitime versammeltes, sondern auch rite verhandelndes Concilium von öcumenischem Charakter nimmermehr die nur der gesammten Kirche zustehende und zugesicherte Untrüglichkeit in Glaubensfragen auf das ministerielle Oberhaupt der Kirche übertragen zu wollen, oder zu erklären vermag, daß ihm dieselbe etwa gleichfalls zustehe und zugesichert sei.

Gerson, dieses große Licht unter den angesehenen Lehrern der Kirche, der heiligmäßig gelebt hat und gestorben ist, definirt das öcumenische Concilium als eine Versammlung, die durch rechtmäßige Autorität an einem bestimmten Ort aus der ganzen Hierarchie der ganzen katholischen Kirche stattfindet, ohne irgend ein Glied der Kirche, das Gehör verlangt, davon auszuschließen, und deren Zweck ist, was das Kirchenregiment in Betreff des Glaubens und der Sitten angeht zu behandeln und zu ordnen (de potestate ecclesiastica cons. 12).

In dieser Definition sind die wesentlichen Bedingungen angedeutet, die sämmtlich erforderlich sind, damit ein Concilium auf den Charakter eines allgemeinen Conciliums Anspruch haben könne. Sie sind: 1. Rechtmäßigkeit der berufenden Autorität; 2. Rechtmäßigkeit der Ursache zu dieser Berufung; 3. vollkommene Erfüllung der Obliegenheiten der Mitglieder des Conciliums um die Wahrheit in den bezüglichen (in den etwa bestrittenen) Glaubensfragen zu ermitteln und um in der Anordnung der zu ertheilenden Vorschriften und Weisungen das Richtige zu treffen,

Obliegenheiten, deren Erfüllung so unerläßlich ist, daß bei deren Vernachlässigung der Beistand des heiligen Geistes nicht verheißen ist, und 4. auf daß eben diese vollkommene Erfüllung möglich sei, vollkommene Freiheit der Aeußerung, der Nachforschung, der Berathung und der Stimmabgabe.

Ohne diese erschöpfende Vollständigkeit und **vollkommene Freiheit** der Verhandlungen eines Conciliums ist allen seinen Beschlüssen die unheilbarste Nullität, Ungültigkeit und Unverbindlichkeit anhaftend. Und zwar muß jene Vollständigkeit und **vollkommene Freiheit** hellleuchtend sein wie die Sonne am hellen Mittag.

Bei dem curialistischen System fällt die Nothwendigkeit, ja die Erspießlichkeit der Concilien weg. Denn was Einer thun kann, das thut er besser allein, als mit einem Collegium, wie das sowohl in Betreff der Belehrung wie der Verwaltung überall einleuchtend und erfahrungsgemäß ist.

Auch hebt das Bossuet in dem schon erwähnten Religionsgespräch mit Claude hervor, und schließt dann: ce n'est pas précisément l'intention ni l'institution des synodes (nämlich d'instruire), car un particulier savant donnera plus d'instruction que tout un synode ensemble. Ce qu'il faut donc attendre d'un synode n'est pas tant l'instruction, qu'une décision par autorité, à laquelle il faille céder; car c'est de quoi ont besoin et les ignorants qui doutent et les superbes qui contredisent. (Belehrung zu ertheilen ist nicht eigentlich der Zweck und die Bestimmung der Concilien [oder Synoden], denn ein einzelner Gelehrter ist viel geeigneter [ausreichende und allseitige] Belehrung zu ertheilen, als ein ganzes versammeltes Concilium. Was man also von einem Concilium zu erwarten hat, und der Zweck, zu welchem sich ein solches versammelt, ist nicht sowohl die Belehrung, als vielmehr eine Entscheidung, kraft einer demselben beiwohnenden Autorität, wel=

cher man also sich zu unterwerfen verpflichtet sei; denn das ist es, wessen sowohl die Unwissenden bedürfen, die da zweifeln, als die Hochmüthigen, die da widersprechen.) — So sehr daher auch die curialistische Doctrin entgegengesetzt ist der Nothwendigkeit der öcumenischen Concilien in gewissen Fällen und unter gewissen Bedingungen, — Bedingungen, bei deren Nichtachtung und Wegfall die Concilien des öcumenischen Charakters mehr oder minder entbehren, — so erkannten doch die Vertreter dieses Systems bisher nothgedrungen diese Nothwendigkeit an, und waren bemüht sie bestmöglichst ihrem System anzuflicken, indem sie, wie z. B. Suarez (de fide disp. 10) sagten: Concilia generalia ad generales causas et dogmata fidei definienda congregari, quam consuetudinem ab apostolis initium habuisse, a Christo Domino manasse, supposita fide et institutione Ecclesiae a Christo facta ejusque gubernatione, quasi naturalis ratio dictat talium conciliorum celebrationem etc. „Die Uebung „allgemeine Concilien für die allgemeinen Angelegenheiten der „Kirche und die Entscheidungen in Glaubensfragen zu versammeln, „habe ihren Ursprung in der Weisung unseres Herrn Jesu=Christi „und in dem Beispiel seiner Apostel, und den Glauben vorausge= „setzt, und daß unser Herr Jesus=Christus seine Kirche eingesetzt „und deren Regierung geordnet, könne man nicht umhin einzuräu= „men, daß die Natur selbst und die menschliche Vernunft die Ab= „haltung solcher Versammlungen anzurathen scheint, — weil es „naturgemäß sei, in wichtigen und sehr ernsten Angelegenheiten „den Rath und das Votum Vieler zu begehren." Welch eine armselige Ausflucht um die Thatsache der Concilien und der Art und Weise ihrer Verhandlungen im christlichen Alterthum mit dem System des Curialismus friedlich neben= einander bestehen zu lassen! Weiter kann es dieses System hierin= falls nicht bringen, — wenn ihm noch dieses gelingt.

Denn die Nothwendigkeit der öcumenischen Concilien fällt in diesem System durchaus hinweg, da nach diesem System die Auto=

rität der ganzen Entscheidung n u r von dem ministeriellen Ober=
haupt der Kirche, von dessen Zustimmung oder dessen Veto ab=
hängig sein, und auch die vorgängige Prüfung der Opportunität
i h m a l l e i n überlassen sein soll.

Wäre das nun richtig, wozu dann jemals ein Concilium?
Wozu die Oberhirten so sehr bemühen und ihrem gewöhnlichen
ordentlichen Wirkungskreis auf eine jedenfalls für die meisten der=
selben beträchtliche Zeit entrücken? Soll es nur zur Information
des Papstes sein, so währen wahrhaft gelehrte Theologen, was die
Bischöfe nicht immer sind, nicht immer zu sein brauchen und lei=
der vielleicht nicht selten zu wenig sind, jedenfalls besser dazu ge=
eignet. Der Repräsentation der ganzen Kirche uud ihrer gesamm=
ten Hierarchie bedürfte es dann in keiner Weise.

Die so beständige, so feierliche, so einmüthige Praxis, öcu=
menische Concilien abzuhalten, zeigt also, verbunden mit den Um=
ständen bei ihrer jedesmaligen Berufung und der Art und Weise
ihrer Verhandlungen allein schon das ganz Unzulässige des curia=
listischen Systems, und man muß sich nur über den Einfall einer
(jetzt in Rom allvermögenden) Partei wundern, die conciliarische
Form wählen zu wollen, um durch sie die Concilien für alle Zu=
kunft für überflüssig erklären zu lassen. — Durch diesen mehr
als bizarren Einfall legen sie gegen ihr eigenes System Zeug=
niß ab.

Ist aber die Fülle der geistlichen Autorität nicht einem
Einzelnen, sondern vielmehr, wie das eben a l l e Kirchenväter ohne
Ausnahme lehren, einzig nur d e r G e s a m m t h e i t gegeben wor=
den, dann begreift man leicht, daß, um einen definitiven Urtheils=
spruch in Sachen des Glaubens zu fällen, die Uebereinstimmung
der Hirten der Kirche über einen Lehrpunkt erforderlich ist, da sie
die berufenen Organe der Kirche sind; dann begreift man ferner
ohne Mühe, daß es Fälle gibt, wo diese der g e m e i n s a m e n
Mittheilung, Nachforschung, vorurtheilsfreien Vergleichung und
Berathung bedürfen, um zur klaren und sicheren Urtheilsfindung

— unter dem alsdann nicht ausbleibenden Beistand des heiligen Geistes — zu gelangen. In solcher Weise der Verhandlung — aber nur in einer solchen — theilen sie sich ihre Einsichten mit, nicht ohne Mitwirkung der Hirten der zweiten Ordnung, der einfachen Priester und der gelehrten Theologen als solchen, wovon aber zu reden hier nicht der Ort ist; — leisten sie sich zu dem großen und heiligen Zweck eine wechselseitige Hülfe, einmal um Materien aufzuklären, die durch große und vielleicht lange Streitigkeiten unter den Katholiken selbst mehr oder minder verdunkelt worden, um so die ächte, alte Ueberlieferung von der neuen, und also unächten zu unterscheiden und die Geister und Gemüther zu jener Uebereinstimmung zu führen, in welcher die ganze Kraft der Entscheidung beruht, sodann aber auch, um zu einem deutlichen Ausdruck der gerade angezweifelten oder bestrittenen oder verdunkelten katholischen Glaubenswahrheit zu gelangen, dieselbe aus den theologischen Schulfragen zu entwirren, sie aus der heiligen Schrift und der durch die Kirchenväter dokumentirten Ueberlieferung der Kirche auf eine Weise darzulegen, die genau, deutlich und vollständig genug sei, um alle Winkelzüge eines gefährlichen Irrthums zu entdecken und durch die Fassung der etwa nothwendig gewordenen Definition von dem geheiligten Gebiet des Glaubens fern zu halten, und somit diese deutlichere Darlegung des unwandelbaren Glaubens mit der ganzen Autorität einer höchst vollkommenen wirklichen Einheit und ächten Uebereinstimmung vorzutragen, und alle Einsichten und alle Kräfte der Kirche zu vereinen, um den Anstrengungen der Neuerung, — welche in Glaubenssachen nur Irrthum sein kann, — erfolgreich zu widerstehen.

Dieses wechselseitige Bedürfniß, welche die Menschen auch in ihrer Eigenschaft als Organe der zur Erhaltung der unmittelbaren göttlichen Wahrheit unter den Menschen und zur Vertiefung der menschlichen Einsicht in dieselbe erforderlichen autoritativen Thätigkeiten aneinander bindet, diese heilige Uebereinstimmung, worin sie, frei von jeder Oberherrschaft und jedem Zwang, die Erkenntniß der Wahrheit suchen sollen, um sie unversehrt zu erhalten, entspricht vollkommen der Idee, die uns die Kirchenväter von der katholischen Kirche geben, und der göttlichen Absicht bei deren Stiftung, die Menschen nämlich in der Demuth zu erhalten und sie in einem und demselben Körper vereinigt zu halten, so daß sie einen Organismus bilden, der allezeit Zeugniß von seinem Urheber und ihm die Ehre giebt, die Ihm allein gebührt.

Es ist dieses der Plan den von der Verfassung und. den deßfallsigen Mitteln der katholischen Kirche das V. öcumenische Concilium gezeichnet hat. Höchst lehrreich ist auch was Bossuet in diesem Betracht in der Defensio declarationis cleri sagt, libr. 3, c. 2 und überhaupt in zahlreichen und entscheidenden Stellen dieses wichtigen Werkes.*)

Was gibt es Verantwortungsreicheres, als die sich hier vor Augen stellende Thätigkeit und Function des Episcopat's! Denn was gibt es Hehreres, Heiligeres, Unantastbareres als der wahre

---

*) Hier dürfte es indicirt sein, als Pendant zu Bossuet den Melchior Canus anzuführen. Libr. 5, c. 5 und c. 15. Dieser große, dem Dominicaner-Orden angehörende Theolog und Gegner des Lainez im Concilium von Trient, später Bischof der canarischen Inseln, war bekanntlich nichts weniger als ein sogenannter „Gallicaner". Dennoch können wir uns, dem heutigen maaßlosen Curialismus gegenüber fast ebenso auf ihn, wie auf Bossuet berufen. »Commune est, mihi crede, sagt er unter anderem, omnibus Ecclesiae judicibus, ut si decreta ediderint temeritate quadam, sine judicio, repentino quasi vento incitati, nihil omnino conficiant quod solidum, quod grave, quod certum habetur.« Glaube mir, es ist etwas bei allen in der Kirche zu Richtern bestellten (d. h. den Bischöfen) Zutreffendes, daß wenn sie Entscheidungen treffen und Decrete abfassen, (wofür dieselben auch ausgegeben werden mögen), aus Antrieb einer gewissen Verwegenheit, ohne reifliches Urtheil, (ohne vorhergegangene gründliche eigene Prüfung) und wie von einem Windstoß erfaßt, daß sie alsdann nichts Wohlbegründetes, nichts Gediegenes, nichts Gewißes zu Stande bringen.

Glaube! Es darf kein Titelchen davon, aber nicht minder auch kein Titelchen dazu kommen! Nicht einmal was wir aus den unzweifelhaften Dogmen der Analogie des Glaubens gemäß richtig deduciren oder erschließen ist, wenn auch noch so richtig, darum allein auch schon selbst wieder Dogma oder Glaubenssatz.

Um ein Dogma ist es etwas unendlich Heiliges, wovon dem heutigen Geschlecht unter uns kaum eine richtige Vorstellung einwohnen kann, so abnorm klingt, was selbst Bessergesinnte, was Solche sagen, die wenigstens noch einen guten Willen haben, so abnorm ist deren Verhalten in den bezüglichen Fragen. Man scheint sich kaum Rechenschaft zu geben von der Hingabe des ganzen Menschen, die der Christ einem wahrhaftigen Dogma schuldet, und von dem, was es mit der unausweichlichen Pflicht auf sich hat, die wir einem wirklichen Dogma (oder Glaubenssatz) gegenüber haben; wie gänzlich unmittheilbar diese erhabene Eigenschaft ist, und wie einzig und allein Gottes höchste Intelligenz einen Glaubenssatz der von Ihm in das Dasein gerufenen menschlichen Intelligenz auferlegen kann, und mit welcher keiner Verdunkelung fähigen, hell leuchtenden Deutlichkeit die göttliche Offenbarung eines jeden wirklichen Glaubenssatzes muß nachgewiesen werden und also nachweisbar sein.

Die Bischöfe haben daher im öcumenischen Concilium, sofern eine Kirchenversammlung also wirklich diesen Charakter behaupten soll, zuerst als Repräsentanten der ganzen Kirche — (denn Episcopatus unus est cujus a singulis in solidum pars tenetur*) — von dem unwandelbaren Glaubensbekenntniß der Kirche, und zwar jeder Ordinarius zunächst von dem seines Sprengels von dessen ältesten Zeiten an, Zeugniß zu geben,

---

*) St. Cyprian, de Unitate Ecclesiae, zu deutsch: „es gibt nur Einen Episcopat, an welchem jeder einzelne Bischof solidarisch Theil hat.

ohne die geringste Rücksichtnahme auf sein etwaiges theologisches System, auf seine Ansichten, auf seine besonderen Neigungen, so fromm und heilsam sie sein oder ihm und anderen auch scheinen mögen. Sein lebendiges und durchaus in den angegebenen Sinn objektiv zu haltendes Zeugniß muß durch die geschichtlichen Beleg- und Beweisstücke entsprechend erhärtet werden. Sind dann alle Zeugnisse collationirt und verglichen, so tritt, nach gehöriger Aufklärung der etwa verdunkelt gewesenen Punkte, wobei die Priester der zweiten Ordnung und die gelehrten Theologen unter ihnen, auch die theologischen Fakultäten und sonstigen kirchlichen Corporationen, welche wohlerworbene und, vermöge der geschichtlichen Entwickelung der Dinge, äußerst nützliche, durch die göttliche Vorsehung herbeigeführte Rechte haben, im vollen Concilium zu hören sind, — ja, nach Gerson, keinem Glied der Kirche das Gehör ganz zu verweigern ist, — die deßfallsige richterliche Thätigkeit der Bischöfe ein. Mit derselben Abnegation,*) mit welcher der weltliche Richter die Pflicht hat, ganz abzusehen von seiner, vielleicht abweichenden Ansicht über den ihm vorliegenden Fall und über das, nach Lage der Sache, von ihm anzuwendende Gesetz, ja, mit einer noch viel keuscheren, noch viel strengeren, unbedingteren Selbst=Entäußerung, da es sich von dem handelt, was Gott geoffenbaret hat, müssen die Bischöfe dann freilich aussprechen was sich als der ächte Glaubenssatz der heiligen katholischen Kirche ergeben hat, — wobei wir auf die in der I. Abtheilung dieser Erörterung gegebene Auseinandersetzung von dem Begriff der katholischen Kirche verweisen, und an das berühmte, allbekannte und dennoch nie genug zu wiederholende Wort erinnern: Quod semper, quod ubique, quod ab omnibus.**) — Nie dürfen die Bischöfe —

---

*) D. h. Entsagung oder Entäußerung persönlicher Vorliebe oder Vorurtheils.
) Vincent. Lirinensis, Commonitorium: Nur das ist Bestandtheil des wahren katholischen Glaubens, was **alle Zeit, was allenthalben (in der katholischen Kirche) und von allen

sofern ein Concilium wirklich den Charakter eines öcumenischen haben und bis zuletzt behaupten will, — nie dürfen sie vergessen, daß sie in ihrer bezüglichen Eigenschaft als **Richter in Betreff des Glaubens**, eben nur **Richter**, und nicht im entferntesten **Gesetzgeber** oder **Schöpfer** sind. — Während sie, was die Regierung der Kirche in diesem Zeitleben anbelangt, zum Zwecke der Verwirklichung der großen Aufgabe der Kirche überhaupt und nach Lage der jedesmaligen Zeitumstände, vermöge der Delegation des **eigentlichen** Oberhirten und Bischofs unserer Seelen (I. Petr. II, 25 und V, 4), allerdings eine, nach der Analogie des Glaubens in's Werk zu setzende, mit Weisheit zu handhabende gesetzgebende Autorität haben, kommt ihnen in Bezug auf das Dogma, auf die Glaubenssätze auch nicht der Schatten einer solchen zu. —

Schon in dem heiligen Concilium von Trient ist das Verfahren nicht immer und in allen Stücken dem allezeit mustergültigen des christlichen Alterthums entsprechend und also nicht durchaus

Gliedern derselben pflichtmäßig geglaubt und bekannt worden ist. — Dieses dreifache Kriterium weiter ausführend, fährt Vincenz von Lerins fort und sagt: Wir dürfen niemals von den Glaubenssätzen abweichen (weder durch Abschwächung, fügen wir hinzu, noch durch Vermehrung oder Erweiterung gleichsam), von welchen es klargestellt und offenbar ist, daß sie von unseren Vätern im Glauben und unseren Vorgängern im katholischen Bekenntniß geglaubt und bekannt worden sind. ... Und wenn eine Neuerung nicht mehr bloß einen größeren oder geringeren Theil, sondern fast die ganze Kirche zu ergreifen und die Unversehrtheit des Glaubens ihrer Kinder trüben zu wollen scheint, was hat der rechte und tadellose katholische Christ zu thun? Dann wird er sich wohl vorsehen, daß er dem christlichen Alterthume zuhalte und sich nach dessen Bekenntniß des Glaubens richte, denn jenes gesegnete Alterthum vermag nicht mehr von irgend einem Trug der Neuerung verführt zu werden, der sich für alten, ächten, katholischen Glauben auszugeben unternimmt.

tadelfrei gewesen, was denn auch schon genugsam zur Erörterung gekommen ist. Eine noch weiter gehende **Modernisirung** des Verfahrens würde selbst nur **die Möglichkeit** des öcumenischen Charakters bei einem künftigen Concilium ernstlichst in Frage stellen.

Es darf nicht die Rede sein von einem Verfahren, wo das Pensum vorher von **beliebig** dazu Berufenen, so ehrenwerth sie auch alle sein mögen, vorbereitet und gleichsam fertig gemacht worden, so daß den Bischöfen dann nur die Einsicht in das also zu Stande Gekommene übrig bliebe, mit höchstens einigem problematischem Einfluß auf die Schluß=Redaction.

Es darf nicht die Rede sein von einem Verfahren, wo also die Zeugenaussagen und die Verhandlung gleichsam **vorausgesetzt** werden, und die Bischöfe lediglich auf Grund der ihnen vorgelegten deßfallsigen Acten ein bereits im Wesentlichen fertiges „**Urtheil**", als wäre es wirklich **ihr** einmüthiges Urtheil, unterschreiben sollen.

Es darf nicht die Rede sein von einem Concilium, wo nur **beliebig** dazu berufene Bischöfe Sitz und Stimme haben, ja, wo nur **beliebig** dazu berufene Priester — von wohlgesinnten Gläubigen zu schweigen (**Gerson**, de potestate ecclesiastica cons. 12) — auch nur erscheinen und Gehör erhalten sollen. — Denn ein **solches** Concilium wäre kein **öcumenisches** Concilium. —

Es darf also nicht im entferntesten das Muster des Verfahrens in demjenigen gewählt werden, was i. J. 1854 zu Rom vor sich gegangen.

Es ist daher unsere wohlerwogene Ueberzeugung, daß, so sehr ein Concilium unter weniger abnormen Verhältnissen, als die jetzt obwaltenden, der Kirche zum höchsten Nutzen gereichen, und daß, so sehr auch ein solches zur Erledigung seit circa 250 Jahren **in** der Kirche selbst schwebender Fragen, wären die Zeiten nicht so **außerordentlich** schlecht geworden, eigentlich sogar nothwendig sein würde, dennoch das Unternehmen ein solches **jetzt** abzuhalten nur als ein **höchst bedenkliches** erachtet werden kann.

Aufgaben für ein öcumenisches Concilium wären allerdings genug vorhanden. Da wären vonnöthen: die den Bedürfnissen der Zeit entsprechend zu erfolgende Klarstellung des **eigentlichen** Geistes des Christenthums und der Kennzeichen der **wahren** Gerechtigkeit, zu welcher wir Christen berufen sind; der lethargischen Unwissenheit der Völker bezüglich der **wahren** und **unversehrten** Kirchenlehre und der Kenntniß der heiligen Schriften ein Ziel herbeizuführen; der **Meinung** entgegenzutreten, daß die bloße Attrition im heiligen Sacrament der Buße genüge, nebst allem was sich daran knüpft, und mit der thatsächlichen Verläugnung des **unerläßlichen** Gebotes der **Liebe zu Gott**, wodurch das ganze göttliche Gesetz entstellt, und wodurch die äußerste Monstrosität ermöglicht wird, welche unter dem Namen des Probabilismus nur zu bekannt ist; die Regeln der rechten Verwaltung des heiligen Sakramentes der Buße **abermals** festzustellen und auf das bindendste vorzuschreiben, einschließlich der bringend benöthigten Regelung der so wichtigen Angelegenheit der österlichen Communion, — und bei dieser Gelegenheit die so äußerst wichtige Frage, worin die **Sünde des Wuchers** besteht und was sie ausmacht, zu erledigen, fern von dem ganz unzuläßigen Laxismus, der in dieser **wichtigen Beziehung eingerissen ist, und** von wohlmeinendem Mißverstand, sowie noch mehr von pharisäischer Auffassung und Praxis, — wodurch der Kirche gegeben wäre, mächtig beizutragen zur Stopfung einer der Hauptquellen der sonst unaufhaltsamen Zunahme des entsetzlichen modernen Pauperismus, der von vier Quellen besonders genährt wird, die da heißen: der Wucher, die Verwandlung des Geschäfts in ein Spiel, welches den **Verdienst** der Arbeit als Gewinn vorweg nimmt, *) die Genußsucht und der Luxus; die Reform der kirchlichen Verwaltung, gemäß der zu klärenden und richtig zu stellenden Lehre von ihrem Wesen und ihrer Verfassung; die Ordnung der Verhältniße der Kirche zum Staat,**) soweit

---

*) Das Wesen des **Wuchers** liegt im Reicherwerden durch bloßes **Verleihen** und ist dieses, **sowie das Spiel** durch Gottes Gesetz verboten. Darin ist auch der Lotterie ihr Urtheil gesprochen.

**) S. Anhang 2.

dieß nach den verschiedenen Staatsverfassungen erforderlich, wobei überall die canonischen Bischofswahlen wieder in das Leben zu rufen wären, zugleich aber auch alle anderen entsprechenden kirchlichen Einrichtungen; die Klärung und Richtigstellung der Lehre vom Ablaß und der bezüglichen Praxis; dasselbe hinsichts der Ehe und des heiligen Sakramentes der Ehe; dasselbe hinsichts der Dispensationen jeder Art; dasselbe hinsichts des zweckmäßigen kirchlichen Verhaltens gegenüber **wirklich** gefährlichen Büchern, aber eben auch **nur** solchen gegenüber, und des dabei in jeder Diöcese und Kirchen=Provinz, unter Einhaltung des kirchlichen Instanzenzuges zu beobachtenden Rechts=Verfahrens; dasselbe hinsichts der Liturgie, wo dem eingerissenen Vandalismus und der ganz unkatholischen Uniformitätssucht, — wie überhaupt der wesentlich modernen Centralisation in allen Stücken und seinem Bureaukratismus endlich ein von allen Einsichtigen und Besseren heiß ersehntes Ziel müßte gesetzt werden; *) hiermit zusammenhängende vernünf=

---

*) Die Kirche Frankreichs, von welcher in älteren Zeiten, wo man vom curialistischen System noch nichts wußte, die römische Kirche Manches angenommen hat, war im Besitz der herrlichsten liturgischen Schätze und Eigenthümlichkeiten, und der letzteren gibt es ehrwürdige und wichtige fast in jeder der großen Nationalkirchen, welche zur Gesammtheit der katholischen Kirche gehören. — Wenn das oben gesagte schon von den Missalien und Ritualien gilt, so gilt es in noch viel höherem Maaße von dem Officium der Kirche, welches für die Andacht des Einzelnen, mit oder ohne Genossen, das für den Cleriker und die Ordensgenossen obligatorische Brevier=Gebet bildet und sich nach dem jetzigen römischen Brevier (Breviarium) für die Meisten zu einer unfruchtbaren Last gestaltet. Wie herrlich sind dagegen die Breviarien der Kirche Frankreichs! Welche erleuchtete Eintheilung der Psalmen! welche weise Regeln hinsichtlich des Ferial=Officiums und der Officien des Proprium Sanctorum und des (nur selten gebrauchten) Commune jeder Art, so herrlich jedes derselben dort auch ist, was man von keinem Commune des römischen Breviers sagen kann. Welche herrlichen Hymnen, während gar manche des römischen in jeder Beziehung unter aller Kritik sind. Welchen herrlichen practischen und gedrängten Cursus der »Theologia mentis et cordis« macht derjenige jährlich durch, der eines dieser Bre-

tige, so kunstverständige als mit kirchlichem Sinn vorzubereitende und zu fassende Vorschriften hinsichts des Kirchengesanges und der Kirchenmusik; Anordnung einer Prüfung und Reform der fast überall in den neuesten Zeiten so unglaublich schlecht gewordenen

viaria gebraucht, — während das römische nur Trümmer eines solchen bietet. Welche Entfernung alles nur Legenbenhaften, welches vor dem Gott der Wahrheit vorgetragen zu werden, nicht würdig ist! Welche unübertreffliche Anordnung des Officiums einer jeden Feria, die für nichts geachtet werden im jetzigen römischen Brevier, während schon dieser kirchliche Name der Wochentage im Lateinischen es ausdrückt, wie für den ächten Christen das ganze Zeitleben zu einem Vorgeschmack des Himmels sich gestalten soll. Wird ja doch sogar der Sonntag — einige wenige privilegirte ausgenommen — nach jetzigem römischem Gebrauch für nichts geachtet und muß bei jeder Gelegenheit weichen, ohne Rücksicht darauf, wie dadurch die herrliche altrömische Folge der Sonntage zerrissen wird, mit aller darin gegebenen Belehrung des Volkes. Welcher Collectenreichthum in den Breviarien der Kirche Frankreichs! Und wie wurde das Volk dort früher vertraut mit dem Officium der Kirche, mit dieser lex supplicandi, welche legem credendi an die Hand gibt. Wie viele Laien beteten sogar das Brevier entweder in der Kirchensprache oder in ihrer Muttersprache! Denn für alles das war gesorgt! — Und während man das allerorten nachahmen, in Frankreich aber erhalten und neu beleben sollte, zerstört dort der curialistische und jesuitische Vandalismus was davon noch vorhanden ist, und soll nirgends dergleichen aufkommen. Das Volk soll fremd dem Officium bleiben, mit mangelhaften und oft armseligen Gebetbüchern abgespeist werden und mit dem Rosenkranzgebet, welches eine ehrwürdige Art des betrachtenden Gebetes ist, aber eben deßhalb als fast einzige Volksandacht gar ungeeignet, besonders aber ungeeignet als gewöhnlich laut schreiend verrichtetes Gebet, wo es jedem unbefangenen Zuhörer nur Schmerz verursachen oder gar Aergerniß geben, der Welt aber nur Gelegenheit zu ihrem Spott liefern kann. — Wir können es nur auf das Tiefste beklagen, wenn überdieß seit einigen Jahren die beste Empfehlung eines auswärtigen Prälaten für Rom darin gesucht wird, daß er schnell=möglichst mit allen auch noch so guten Herkömmlichkeiten und Gebräuchen, mit jeder geschichtlichen Erinnerung aufräumt, nicht um die Einheit herzustellen, die einen solchen Uniformitäts=Vandalismus nicht fordert, sondern um eine Eintönigkeit zu schaffen und eine Gleichmäßigkeit bis zum letzten Schnitt und Schritt, nicht im Geiste der katholischen Kirche, sondern — der Kaserne!

Katechismen; *) Reform des Canonisations-Verfahrens; Reform der Vorbereitung zum Eintritt in den geistlichen Stand, aber keineswegs in dem den theologischen Facultäten und principiell schon den Universitäten feindlichen Sinne, welcher nur die traurigste Lahmlegung der Kirche zur Folge haben würde, weil zu ihrer Kraft-

---

*) Die dürftigsten Katechismen, die wir in Deutschland noch vor zwanzig Jahren im Gebrauch hatten, wenn sie es auch nicht förderten, so störten sie doch nicht das Verständniß des Glaubens und von dem Wesen der Kirche und machten dasselbe nicht unmöglich; sie ließen wenigstens Raum dafür. Was an den Anfang gehört, stand am Anfang, und was das Ziel und Ende, fand seine Stelle entsprechend am Ende des Katechismus. Waren die Fragen auch nicht immer psychologisch und pädagogisch richtig gestellt und formulirt, fehlte es auch oft an einer tieferen, lebendigeren Auffassung des hochheiligen Glaubens-Inhaltes, so daß die Kraft, Macht und Herrlichkeit dieses Glaubens daraus nicht sofort hervorleuchtete, so war doch keine frevelhafte Verunstaltung wahrzunehmen; nirgends wurde die Sache geradezu umgekehrt und, wie man im gewöhnlichen Leben sagt, auf den Kopf gestellt. Kurz, es war Armuth, zuweilen große Armuth zu beklagen, aber nirgends hatte man mit Entstellung, ungebührlicher Superfötation und Amplification zu thun. Der Katechet konnte dem mangelhaften Unterricht Seele einhauchen und mittelst der unverschütteten Schachte aus der Tiefe Schätze des Lebens fördern. — Wir sprechen davon aus Erfahrung. Seit dem Obsiegen des Curialismus ist das alles anders geworden. In den jetzt üblichen Katechismen — wir können es auf Verlangen nachweisen — sind Principien und Folgen, Ziel und Mittel so durcheinander gewürfelt, daß unmöglich daraus eine Anschauung des Glaubens in Lehre und Leben zu gewinnen ist. Der beste Katechet kann nichts damit anfangen; er kann höchstens das Uebel mildern. — Und das alles, wegen der unkatholischen, aber curialistischen Ansicht von der Kirche, mit ihrer Hypertrophie des Primats, der — man verzeihe uns das Wort bureaukratischen Ursprungs — zum Unicat gemacht werden soll. So wahr ist es, daß mit diesem, die richtige Idee von der Kirche pervertirenden, mit der wahren Verfassung der Kirche und mit deren Leben unverträglichen System, welches die Idee, Kraft und Macht der Kirche mit deren Wesen gerade so aufhebt, wie der Scholasticismus (die verkehrte Scholastik) die Idee, Kraft und Macht des Glaubens mit dessen Wesen aufhebt — und uns nachgerade ganz zu rauben droht, daß, sagen wir, mit diesem System ein lebendiger, fruchtbringender Unterricht unvereinbar ist!

Entfaltung im gewöhnlichen Verlauf der Dinge ein auch wissenschaftlich tüchtiger Clerus durchaus erforderlich ist, wie uns die Vernunft und die Erfahrung beweisen; Reform des ächten Ordenslebens, sintemal das rechte Ordensleben in der That das stille, aber zur Kraft erforderliche Mark in den Gebeinen ist, und, je nach den Umständen und dem Bedarf, wenn aus rechter und erleuchteter Gesinnung hervorgehend und in solcher auch geleitet, durch dasselbe selbst auch nach aussen die herrlichste Thätigkeit bewährt werden kann; Schlichtung mehrerer wichtiger kirchlichen Angelegenheiten, wegen deren schon längst an den höchsten kirchlichen Richterstuhl auf Erden, an das rechtmäßige und als solches sich bewährende öcumenische Concilium, Berufung eingelegt worden.

Welche unermeßliche Aufgaben! Denn fast jede derselben zerfiele wieder in viele Unterabtheilungen, bei denen wir hier nicht verweilen konnten! Man sieht, daß ohne an dogmatische Definitionen im eigentlichen Wortsinne zu denken, wozu zur Zeit nicht einmal ein Anlaß, noch weniger eine Opportunität, geschweige eine Nöthigung vorliegen dürfte, eine nur schwer zu bewältigende Aufgabe der Erledigung harrt.

Wir brauchten jedoch, unserer schmerzlichen Ueberzeugung gemäß, schon deßhalb nicht länger hierbei zu verweilen, und die nur angedeuteten Materien näher zu präcisiren, weil uns die kirchlichen Zustände der mehr als traurigen Gegenwart nicht danach angethan scheinen, um im Concilium eine ersprießlichere Behandlung derselben hoffen zu können, als sie in der letzten Zeit einzeln erfahren haben. Wie Savigny der tief kranken Zeit den Beruf zur weltlichen Gesetzgebung absprach, — wir wurden noch neulich durch einen uns werth gewordenen, trefflichen Mann daran erinnert, — so müssen wir dasselbe thun auf dem kirchlichen Gebiete, und zwar mit Rücksicht auf die so äußerst krankhaften kirchlichen Zustände, welche diejenigen sind, die der heilige Papst Gregorius der Große mit den Worten bezeichnete: Quum in diebus illis, Ecclesia, quasi quodam senio debilitata, per praedicationem

filios parere non valet, reminiscitur foecunditatis antiquae …
d. h. „In jenen kommenden Tagen wird die wie vom hohen „Alter gleichsam geschwächte Kirche, außer Stande, durch „die Verkündigung des göttlichen Wortes, so wie es sonst der „Fall gewesen, die Zahl und die Tüchtigkeit ihrer Kinder sich „vermehren zu sehen, der Tage ihrer einstigen Fruchtbarkeit mit „Sehnsucht gedenken".... und was folgt. (Moral. in cap. 29 beati Job, cap. 12.)

Denn welch' eine diametral entgegengesetzte Vorstellung von der Kirche ist überwiegend geworden! Nach ihr ist der Papst absoluter Monarch, — selbstverständlich Vice-Monarch, wobei aber des eigentlichen Monarchen oft kaum Erwähnung geschieht*), — und die übrigen Bischöfe — oder vielmehr die Bischöfe kurzweg — sind seine Vicarien oder Stellvertreter, seine Delegirten, etwa die Oberpräsidenten dieses Monarchen, die er den Provinzen seines Reiches vorgesetzt hat. Sie empfangen seine Befehle, — es wird geradezu und ohne verschämte Scheu mehr so genannt, sowohl da, von wo diese „Befehle" ausgehen, wie da wo sie hingelangen, — so wenig das auch zu den allbekannten Worten unseres Herrn (Luc. XXII, 25—27 und an mehreren anderen Stellen) und des heiligen Apostels Petrus (I Petr. V, 1—4) und zu der gesammten Kirchengeschichte paßt, — und diese Bischöfe, welche solche Befehle erhalten, handeln unbedingt denselben gemäß, oder, wenn nicht unbedingt, so werden sie auf jede erdenkliche Weise „gemaaßregelt", ja, das angestrebte Ideal ist, daß

---

*) Oder es geschieht auch wohl Seiner in der unwürdigsten, das Verhältniß geradezu umkehrenden Weise Erwähnung. Man sehe im de Harbe'schen Katechismus S. 18: Fr. Was ist die Kirche? (NB.) A. Die Kirche ist die große (!!) sichtbare Gemeinde aller Christen auf Erden, die unter ihrem gemeinsamen Oberhaupte, dem römischen Papste ꝛc. Fr. Ist nicht Christus das Oberhaupt der Kirche? A. Christus ist allerdings das Oberhaupt der Kirche, aber das unsichtbare! — Welche Verkehrtheit der Darstellung!

in solchem Falle sie ohne Weiteres abgesetzt, oder de facto durch einen sogenannten Coadjutor ersetzt werden könnten, der ihnen nur noch den Namen der erhabenen Verwaltung lassen würde, zu welcher der heilige Geist sie berufen und bestellt hat, — wogegen dann diese Bischöfe ihrerseits eben so mit dem secundären Clerus, d. h. mit den Priestern der zweiten Ordnung, mit den Genossen der Bischöfe in der unaussprechlich großen Stellvertretung des Herrn, und mit den Diaconen und Clerikern der unteren Grade sollen verfahren können und in der That verfahren, vorbehaltlich der Fälle, wo ein Priester gegen seinen, etwa nicht unbedingt und blind genug „gehorchenden" Bischof Recht behalten und über ihn, zum abschreckenden Exempel, triumphiren soll. Es ist bezeichnend, daß kürzlich sich die Nachricht verbreitete, es sollte die revolutionäre Maaßregel allgemein eingeführt werden, der zu Folge überall der Pfarrer amovibilis ad nutum sein soll. Wie die Italiener sagen: se non è vero è ben trovato; „d. h. wenn die Sache nicht wahr sein sollte, so ist die Erfindung doch sinnreich und ganz im Sinne Derer, von denen diese Geschichte handelt." — Bei solchem Formalismus und Bureaukratismus, gegen den der Haß einer immer tiefer in Unglauben und Materialismus versinkenden Staats- und bürgerlichen Gesellschaft seinerseits, mit seinen Zielen und seinen entsprechenden, verwerflichen Mitteln den wüthendsten Krieg führt, gestalten sich die kirchlichen Verhältnisse so, wie aus unserer Aufzählung der wahren Aufgaben eines öcumenischen Conciliums zu schließen ist, und verliert die Kirche, und also die Religion und die einzig wahre und stichhaltige Moral mit jedem Tage an Terrain.*)

---

*) Auf die Natur, die Ursachen und die Bedeutung der mit dieser allgemeinen Erscheinung scheinbar contrastirenden Erfolge in England und in den vereinigten Staaten Amerikas können wir uns hier nicht einlassen. Es wäre uns aber ein Leichtes, sie zu analysiren und diesen Schein dadurch als Täuschung nachzuweisen, d. h. den Schein des Contrastes mit der allgemeinen Erscheinung, so sehr wir auch, als gläu-

Es ist also eine förmliche Autokratie thatsächlich an die Stelle derjenigen Verfassung getreten, welche der Herr seiner Kirche wirklich gegeben, und wenn auch dabei die Ausdrücke noch im Gebrauche sind, welche die heilige Vorzeit uns überliefert hat, so ist doch deren Sinn nicht mehr in Kraft. Es heißt freilich: Diener der Diener Gottes, aber ach! wir erinnern uns dabei, so leid es uns auch thut, unwillkürlich an die Emphase, mit welcher z. B. ein Friedrich II. von Preußen sich den Diener des Staats nannte, wobei aber, nicht minder im Sinne seiner Diener und seines nach und nach dazu gemodelten Volkes, als in seinem eigenen, es sich gleichsam von selbst verstand, daß er eigentlich der Staat war, ganz in dem Sinne des Ludwig XIV. zugeschriebenen Wortes: »l'état, c'est moi«, d. h. der Staat, das bin ich. Im weltlichen Gebiete hat diese Uebertreibung des monarchischen Prinzips, welches, in richtigen Schranken, für die Staatsgebilde, die nicht unmittelbar göttlicher Setzung sind, wie dies mit der Kirche der Fall, gewiß das Beste ist, — im weltlichen Gebiete, sagen wir, hat diese Uebertreibung des monarchischen Prinzips das entgegengesetzte Extrem hervorgerufen.

Im kirchlichen Gebiete sehen wir allerdings noch nicht, daß durch die eben wahrheitsgetreu geschilderte Uebertreibung des monarchischen Prinzips das entgegengesetzte Extrem in denjenigen Bevölkerungen und Bevölkerungs-Bruchstücken katholischen Bekenntnisses schon wäre hervorgerufen worden, die mit dem Glauben noch nicht brechen wollen, denen der religiöse Glaube noch Bedürfniß ist, und die, nach Maaßgabe des ihnen leider! allein Dargebotenen, dieser selben Uebertreibung auf kirchlichem Gebiete jetzt huldigen, welche hinsichtlich der Kirche mehr noch als eine Uebertreibung, nämlich eine Entstellung der

---

bige Kinder der Kirche, Gott dafür danken, daß so manche Einzelne badurch auf den Weg des Lebens gelangen.

wahren Verfassung derselben ist. — Noch reizt vielmehr zur Zeit die maaßlose, die in der widerwärtigsten Weise geifernde Impietät die noch vorhandene, aber gleichzeitig unerleuchtete Pietät zu in ihrer Art gleich maaßlosen Manifestationen, zu Aeußerungen und förmlichen Extravaganzen, bei denen man sieht, daß wenigstens die Mehrzahl etwas ganz anderes thun will und zu thun wähnt, als sie wirklich dadurch thut. — Aber man täusche sich nicht in äußerst verhängnißvoller Weise! Nur die Wahrheit, die volle, ungetrübte, kräftigende Wahrheit ist den kommenden Stürmen gewachsen, sofern sie im Geiste der Liebe gehegt wird, denn, wie der heil. Augustinus einschärft: in Leben spendender Weise geht man in die göttliche Wahrheit nur ein durch die Liebe. *)

---

*) Der Curialismus unserer Tage ist so maaßlos und extravagant, daß selbst die der letzten Vergangenheit angehörenden Anhänger dieses Systems, wenn sie Zeugen desselben wären, mit Besorgniß erfüllt werden müßten. Die redlich frommen unter ihnen, gleich dem Cardinal Pacca und die weltklugen, gleich dem Cardinal Consalvi, würden kaum wissen, ob sie wachen oder träumen. Was vollends z. B. der heilige Papst Gregorius der Große dazu sagen würde, das braucht nicht weiter ausgeführt zu werden. Der Contrast ist so grell, daß er wehe thut. Bischöfe, welche man auffordert zu gehorchen, ohne zu murren, in einer Weise, wie, selbst in den Ordnungen des Weltlebens es nur die militärische Disciplin bedarf und daher erträgt, sind Erscheinungen, von denen man in der Kirche bis heute keine Vorstellung gehabt, in der Kirche, in welcher der Gehorsam, selbst da, wo er im eigentlichsten Sinne des Wortes zu walten hat, — was in dem Verhältnisse der übrigen Bischöfe zu dem Papste im strengen Sinne nicht der Fall sein kann, — immer nur ein vernünftiger, auf Rath und Verständigung beruhender ist und sein soll, seltene Fälle hoher Ascese etwa ausgenommen, die zu den besonderen Seelenführungen gehören und mit der allgemeinen Leitung der Kirche Gottes nicht zu verwechseln sind. Alle zuverlässigen katholischen Theologen sind darüber einig und haben es bewiesen, daß die in der Societät Loyolas geltenden Grundsätze über den Gehorsam eine bis zur Carricatur maaßlose Uebertreibung der deßfallsigen Grundsätze der wahren und ächten Meister des inneren Lebens sind. — Auffallend ist es dabei, daß die sog. Jesuiten, was die Ascese

Wir haben im verhängnißvollen Augenblicke und mit tief bekümmertem Herzen den wichtigen Gegenstand, an welchen sich so Vieles knüpft, nur leicht und oberflächlich berühren können. Wir haben es in mangelhafter Form gethan. Wir fühlen und erkennen es nur zu tief. Zum Schluß dieser fragmentarischen Erörterung möchten wir aber auf Eines noch aufmerksam machen.

Wie kann man glauben, wie kann man da, wo dem heiligen Vater diese ganze Unternehmung mit dem ganzen auf dieselbe bezüglichen Apparat, wie er vor unseren Augen liegt, suppeditirt wird, wie kann man einer Täuschung sich darüber hingeben,' als seien damit orientalische Schismatiker und Protestanten zu gewinnen?

Zwar der Protestantismus ist im Großen so von aller Kirchlichkeit, also von aller Gestaltung abgeirrt, daß durch das Entgegenkommen der Protestanten im Großen, auch bei dem katholischerseits correctesten Verfahren, keine Heilung des so äußerst traurigen und heillosen Zwiespaltes — nach menschlichem Ermessen — zu hoffen wäre. Aber gerade die besten Protestanten — sie sind der Kirche jetzt so nahe, wie noch nie. Sie wünschten nichts sehnlicher, als in den Schooß der katholischen Einheit zurückzukehren. Wir können ihre herzzerreissenden Klagen darüber hören, wie man beflissen ist, es ihnen schier unmöglich zu machen. Denn gerade die gediegensten unter ihnen sind die, welche unmöglich katholisch und curialistisch für identisch halten können. Und woran man weder im 16., noch im 17., noch im 18. Jahrhundert, noch selbst im 19. Jahrhundert bis jetzt in der allerneuesten Zeit gedacht hat, nämlich von ihnen zu verlangen,

---

anbelangt, sich nur darin der Uebertreibung schuldig gemacht, während sie in allem übrigen dem Laxismus huldigen. — Um aber auf die Regierung der Kirche zurückzukehren, — man sieht, daß unter dieser Leitung derselben im Sinne der genannten Societät die αἵρεσις δεσποτείας, — Bossuet's hérésie de la domination, bereits auf die Spitze getrieben ist.

den Curialismus, mit allem was in seinem Gefolge ist, für den **Katholicismus** selbst zu halten, das ist es, was jetzt geschieht, und was man noch ärger machen will.

Auch hinsichts der orientalischen Schismatiker und ganz besonders der **Russen**, deren Kirche ganz ausgeartet ist, könnte selbst bei katholischerseits correctestem Verfahren — **nach menschlichem Ermessen** — keine Rückkehr zur katholischen Einheit im Ganzen und Großen zur Zeit erwartet werden, da dort einerseits **Erstarrung**, andererseits **Auflösungsprozeß** unverkennbar sind. Aber viele Einzelne jedenfalls, und vielleicht ganze große Theile, würden der katholischen Einheit wieder gewonnen werden können, — und jedenfalls würde der kostbare, so unverantwortlich theils vernachläßigte, theils sogar verkehrt behandelte Theil der katholischen Kirche, die unirten Orientalen, mit innigeren Banden der Lebensgemeinschaft erhalten und der kirchliche Wechselverkehr mit ihnen neu und heilsam belebt werden. — Bei **dem aber**, was **unverkennbar**, ja, laut der neurömischen Civiltà und vielen anderen Kundgebungen **unzweifelhaft** vorbereitet wird, und wovon eine naive Aeußerung in einer katholischen Zeitschrift *) unlängst besagte, „daß es **jetzt an der Zeit** sei ein Concilium zu „halten, weil man nicht jederzeit, ja, kaum jemals einen so zu= „sammengesetzten Episcopat gehabt, wie er jetzt zu Handen sei," bei **dem**, sagen wir, **was jetzt vorbereitet wird**, da ist an eine **irgendwie heilsame** Wirkung auf die Orientalen, weder auf die unirten, so sehr dieselben nachgerade einer solchen bedürften, noch auf die schismatischen zu hoffen.

---

*) Wir versäumten leider! uns die Stelle zu notiren und wissen nicht einmal, ob es in dem **theologischen Literaturblatt** war, — in welchem man seit einiger Zeit hin und wieder Aufsätze findet, die mit den übrigen, meist tüchtigen, im grellsten Contrast stehen, — oder in der Augsburger Postzeitung. Wir bürgen aber für den Sinn und selbst beinahe für den wörtlichen Ausdruck der characteristischen Aeußerung.

Könnten wir, könnten alle diejenigen, so dessen würdiger und dazu fähiger sind, und die, deren Stellung in der Kirche eine irgendwie einflußreiche ist, und der deßfallsigen Erkenntniß sich nicht verschließen, wenigstens durch Hinweis auf **diese**, so un=glückselige als unausbleibliche Folge der vorhabenden un=erhörten Dinge, unter Beschwörung um der Liebe des gött=lichen Erlösers willen, die allerunerhörtesten Unternehmun=gen wenigstens zu unterlassen, die Veranlassung geben!

O Ihr Hirten, die Ihr an Christi Statt die Heerde zu weiden berufen seid! und du, so vielfach zerrissene, zerstreute, von außen angefeindete und innen so schwer beunruhigte Heerde! sehet um euch! vergleichet doch was die Kirche für ein Schauspiel ge=boten hat, und was sie jetzt für eines bietet! Die eigentlichen geistigen Begründer, die intellectuellen Urheber dieser jetzigen Zu=stände, diejenigen, die durch die Ruinen, welche die Revolutionen, welche nur zu zerstören und zu zerreißen, aber nichts aufzurichten und zu vereinigen vermögen, zurückgelassen, ihr verfehltes Beginnen gefördert sahen, für dessen Gelingen tabula rasa gemacht worden, einen Lamennais, Bonald, de Maistre, ja auch einen Görres, einen Binterim, wäget sie doch mit dem Gewicht des Heilig=thums gegen die gediegenen Lehrer der Kirche aus allen nach=patristischen Jahrhunderten! Des Priesters Lamennais schreckliches Ende ist allbekannt, obwohl der bezügliche Entwickelungs=Prozeß nicht so bekannt ist, wie es, zur Würdigung der Sache deren Koryphäe er eigentlich gewesen, der Fall sein sollte. Ueber die anderen wollen wir hier nichts sagen, da es einer eingehenden Behandlung bedürfte. Nur das wiederholen wir: Prüfet und wäget sie und vergleichet sie mit den großen Lehrern, die Gott seiner Kirche bis zu unseren Tagen geschenkt!

Welche Widerstandskraft hatte aber auch damals die Kirche und das wahrlich unter den schwersten Verhältnissen! und welche Ohnmacht jetzt! — Welch' ein Leben durchdrang alle ihre Theile! welche Gemeinsamkeit! und welche Vereinzelung jetzt, wo nicht

Parteitreiben waltet! — Welche ungetrübten Aeußerungen und Früchte jenes Lebens damals! und wie vielfach getrübt, gebrochen, ungenügend, außer allem organischen Zusammenhang alle Aeußerungen und Früchte jetzt! Wie viel Aufwand jetzt für das Aeußere, für die Schaale! und wie so gar keiner für das Innere, für das Wesen, für den Kern! — Welche Anerkennung erzwang sich dieses Leben damals! welchem Haß begegnet es heute, wo es nicht Spott ärntet und Hohn! —

Wer es gut mit der Kirche meinte, der würde eine neue Ausgabe der Bossuetschen Exposition de la foi catholique veranstalten mit allen Documenten ihrer feierlichen Autorisation und mit einer die Uebereinstimmung derselben mit allen übrigen ächten katholischen Kundgebungen des orthodoxen Bekenntnisses der katholischen Kirche nachweisenden Vorrede. Es wäre ein gutes Vademecum für jeden Bischof, der sich zum Concilium begäbe.

Die Zukunft, für welche die Societät Loyólas — noch dazu die jetzige modernisirte — nebst ihren Parteigängern nach ihrem Sinn Vorkehr zu treffen gedenkt, sie gehört ihr nicht. Sie gehört*) dem Könige der Ewigkeiten, dem Umwandelbaren, dem, zu welchem unser Herz ohne Unterlaß gerichtet sein muß, mit der Schlußbitte der heiligen Bücher**): Ja, komm', Herr Jesu, komme bald! — und***): Sende deinen Geist, und Alles wird erschaffen werden, und du wirst erneuern das Angesicht der Erde.

Aber vorher haben wir noch eine schwere Zeit zu gewärtigen, von welcher eine heilige Ueberlieferung, in deren Kette wir auch den heiligen Papst Gregorius den Großen finden, uns Kunde gibt, — und an welche sich tiefe Forschungen großer und gotterleuchteter Männer schließen. Diese schwere Zeit scheint schon weit vor-

---

*) I. Timoth. I, 17.
**) Apocalypsis XXII, 20.
***) Psal. 103 (hebr. 104), 32.

geschritten. Pessimismus jedoch ist nie erlaubt. Kämpfen müssen wir bis zum letzten Augenblick und um die Fahne uns schaaren bis zum letzten Hauch. — Darum haben wir dieser Pflicht nach unseren in jeder Beziehung so schwachen Kräften zu genügen gesucht.

O Gott, du Urquell aller Wahrheit und Gerechtigkeit, der Du nichts von dem lieben kannst, was nicht vollkommen wahr und vollkommen gerecht ist, der Du die um der Wahrheit und Gerechtigkeit willen bis zum Tode und bis zur Verlassenheit Leidenden im Verborgenen krönest, wie Du auch allein, in das Verborgene sehend, das Maaß ihrer Schmerzen kennst; gewähre uns die Gnade, auch bei größter Verdunkelung Deiner Wahrheit und bei größter Entstellung des Antlitzes Deiner geliebten Kirche, treu in derselben zu verharren, sie um so inniger zu lieben, als sie Deinem Sohne in Seinem bitteren Leiden ähnlicher wird, und in dem Bekenntnisse und der Uebung des reinen, unverfälschten und jungfräulich unversehrten, alten katholischen Glaubens zu leben und zu sterben, — in Uebung der Liebe, der Standhaftigkeit und der Geduld.

Gewähre uns diese Gnade durch die Fürbitte unserer Vor= gänger in diesem schwersten Martyrthum!

Darum bitten wir dich durch denselben unsern Herrn Jesum Christum, Deinen Sohn, der mit Dir, o Vater, und in der Ein= heit mit dem heiligen Geiste lebt und regiert, ein Gott, von Ewig= keit zu Ewigkeit, Amen!

Anhang I.

Bossuets Bedeutung in der Kirche ist ganz außerordentlich. Sie kommt für die letzten Jahrhunderte und deren eigenthümliche Bedürfnisse so nahe der eines Kirchenvaters, daß wir uns genöthigt sehen ein Wort über ihn zu sagen, zumal Deutschland's in den letzten 20 Jahren gebildeter Clerus eines solchen Wortes zur Orientirung über dieses große Licht der Kirche bedarf. — Zuvor bedarf es jedoch einer einleitenden Bemerkung.

Der Natur der Mathematik gemäß leidet diese Wissenschaft, was die reine Mathematik betrifft, gar nicht unter dem Einfluß von Schulen. Die hin und wieder vorkommenden mathematischen Schrullen bleiben immer nothwendig individuell. — Was die Astronomie, überhaupt alle angewandte Mathematik, was die Physik und die übrigen Naturwissenschaften anbelangt, so bleibt eine falsche und beengende Schule auf den hervorragenden Geist, welcher deren Fesseln bricht, ohne jedweden für diese Wissenschaften schädlichen Einfluß. — Dasselbe gilt schon weniger von den verschiedenen Kunstgebieten, weil hier das Gemüth und der Wille in der Beurtheilung dessen was schön ist in Betracht kommt — Noch weniger in der Regel bleibt eine falsche, eine irrige, eine einseitige Schule ohne nachtheiligen Einfluß auch auf den hervorragenden Geist, welcher in der Philosophie sich in dem Streben nach Wahrheit ihrer Herrschaft entzieht. Dasselbe gilt von der Anwendung der Philosophie auf das praktische Leben, in der Rechtspflege und in den politischen und ökonomischen Disciplinen. Am allerwenigsten bleibt aber in der Regel dieser nachtheilige Einfluß aus in der

Theologie. Die Natur dieser den Himmel mit der Erde, die Ewigkeit mit der Zeit in Verbindung setzenden Wissenschaft bringt dieß mit sich, sowie die Art, wie das Walten der Gnade in dem Menschen gleichsam unter dem der geistigen Menschennatur sich verbirgt. Höchst selten nur wird selbst ein Rüstzeug Gottes so ganz frei von seiner falschen Schule, der es einst angehörte, wie dieses mit dem heil. Völkerapostel Paulus der Fall gewesen, — wie auch eine solche augenblickliche Umwandlung zu den seltensten Erscheinungen in der Geschichte des Reiches Gottes gehört.

Bossuet nun hat keine andere Schule als diejenige von Lehrern gehabt, welche ganz und gar in dem eigentlichen Geiste der Societät Loyólas befangen waren, wie derselbe sich frühzeitig schon, durch das **Abnorme** in ihrer ersten Anlage begünstigt, in ihr ausgebildet, und mit dem 17. Jahrhundert schon zur entschiedenen Herrschaft in ihr gelangt war. Von dieser falschen Schule hat sich dieser gewaltige Geist und dieser hohe Charakter los und gänzlich frei gemacht, durch nichts dabei, bis auf einen gewissen Grad, unterstützt, als durch den traditionellen Grund-Charakter des glorreichen — jetzt ebenfalls in elender Schwäche hinsiechenden Theils der Gesammtkirche, welchem Bossuet durch Geburt angehörte. Es gereicht dem großen Manne zu großem Ruhme, daß er zu solcher hohen Einsicht und tiefen Theologie sich durchgerungen und gelangt ist, — aber ganz ohne schädlichen Einfluß auf ihn ist diese Schule seiner Jugend nicht geblieben. Es hat dieser schädliche Einfluß in einigen theologischen Mängeln sich geltend gemacht, die theils als Abweichungen (écarts würden wir auf französisch sagen), theils in einer auffallenden Einseitigkeit hinsichts der prophetischen Schriftforschung sich charakterisiren, Mängel die jedoch nur auf seine Haltung im allgemeinen bei einigen Ereignissen und in einigen unbedeutenden Momenten seiner priesterlichen Laufbahn, jedoch auf kein einziges seiner großen und gewichtigen theologischen Werke den geringsten Einfluß gewonnen haben. Nur einige desavouirte Gelegenheitsstücke seiner Jugendjahre, etliche wenige unbedeutende Produkte seines Geistes, von denen manche nur in etlichen Briefen bestehen, und seine Auslegung der Apocalypsis geben, unter seinen Schriftwerken, Zeugniß von diesen Mängeln. Und was das letzterwähnte anbelangt, so hat der große Prälat, — der seine Diöcese so tadellos regiert und den ihm zunächst anvertrauten Theil der Heerde mit eben solchem Seeleneifer geweidet hat, als er ein eminenter Theolog war, — in seinen späteren Jahren durch den von ihm so hochgeschätzten Duguet in dieser Beziehung zu richtigeren und tieferen Anschauungen sich gewinnen lassen, von denen die gediegenen Schriften seines vorgerückten Alters manche Spuren zeigen. Wir hätten noch viel über den Mann zu sagen, der bei seinen Lebzeiten Israels Held war und ein lebendiges Hinderniß gegen jedes Uebermaaß des Uebels und der Verirrung, — wir sparen es uns aber auf für eine spätere Gelegenheit. Bezeichnend aber für den Unterschied der Zeiten ist der Umstand, daß — und zwar begegneten wir uns hierinfalls mit dem gelehrten Verfasser der Artikel: das Concilium und die Civiltà in der A. A. Z. im Monat März d. J. — daß, sagen wir, die göttliche Vorsehung eine ähnliche Rolle, — ein lebendiges Hinderniß gegen Uebermaaß des Uebels und der Verirrung zu sein, — dem Bischof Melchior von Diepenbrock in unseren Tagen zugewiesen hatte. Welch' ein Abstand findet nämlich statt zwischen dem Genie und der theologischen Tiefe eines Bossuet und eines Diepenbrock. Es ist der Unterschied der Zeiten in kirchlicher Beziehung, der sich in dem Unterschied spiegelt, der zwischen diesen beiden Prälaten obwaltet. Aber in dem reinen hohen Willen, in der Liebe zu ihrem Herrn und dessen Kirche, in der Treue als Christ und Priester und vollends als Bischof, und in der Unerschrockenheit im Dienst der Wahrheit, — soweit nicht irgend ein, aus der theologischen Schule, aus der ein jeder von ihnen hervorgegangen, stammender Nebel entgegenwirkte, — in allen diesen erhabenen Eigenschaften, nach welchen Gott seine Diener richten wird, standen die beiden auf den Leuchter erhobenen Männer sich mindestens sehr nahe. Denn noch eines müssen wir der elenden Verläumbung der modernen Pygmäen entgegenstellen, und sind jeden Augenblick es zu beweisen im Stande. Allerdings war Bossuet in politischen Dingen strenger Monarchist und lebte in der Zeit, wo der fürstliche Absolutismus seinen Höhepunkt bereits erreicht hatte, — welcher alte fürstliche Absolutismus jedoch, wo nicht Männer, gleich den Beichtvätern Ludwigs XIV., besonders gleich dem letzten derselben, dem wahrhaft schauderhaften Tellier, — alle der Societät angehörend, — ihn stachelten und mißbrauchten, durch hundert Ordnungen vielfach gebunden, durch eben so viele Rücksichten der Sitte beschränkt war, während für den revolutionären Absolutismus unserer Tage, mag er, durch die constitutionellen Fictionen gestützt, von oben herab decretiren, oder von unten in wilden Gährungen rasen, und, unter allen Umständen, zerstören und vernichten, es keine Ordnung und keine Sitte, kein Band und keine Rücksicht mehr gibt! — Demohnerachtet hat Bossuet der Wahrheit dem Könige gegenüber, dessen Unterthan in allen weltlichen Dingen er, nach der Fügung der göttlichen Vorsehung, war, niemals das Geringste vergeben. Es ist gar nicht abzusehen was er vermocht haben würde, wenn er seines Königs Diöcesan-Bischof gewesen wäre, anstatt eines Hardouin de Beaumont, eines Harlay und zuletzt eines so redlichen Theologen und frommen Priesters, aber zugleich so schwachen Prälaten, wie Noailles. Auch hütete sich Ludwig XIV. wohl den großen Mann, vor welchem er eine Furcht empfand, analog der knechtischen, deren er vor Gott sich nicht entschlagen konnte, — war ja doch Bossuet, unter denen, die ihm persönlich nahe kamen, der keine Blöße sich gebende Diener dieses Gottes, — Ludwig XIV., der weder die Sünde meiden, noch der Hölle verfallen wollte, hütete sich wohl den großen Mann auf den Stuhl seiner Hauptstadt zu ernennen, so sehr man anerkennen muß, daß unter ihm so viele würdige Bischöfe der Kirche Frankreichs und der katholischen Kirche überhaupt zum Segen gereichen konnten, — selbst wenn er dann auch später deren mehrere drückte und sogar verfolgte. — Und dieses an sich so unselige, mit der ächten Verfassung der Kirche so unvereinbare Ernennungsrecht hat die römische Curie, welcher es nicht zukommt, den Königen verliehen, denen es nicht gebührt, um dagegen andere Gefälligkeiten zu erlangen, — Transactionen, durch welche wie man schon längst gesagt, die contrahirenden Parteien sich gegenseitig gaben, was keinem der gebenden Theile gehörte!

Anhang II.

Möchten doch die Regierungen einsehen, welche Zukünft sie bereiten helfen, indem sie gegen das Christenthum und somit gegen die Grundlage unserer ganzen, allein menschheitwürdigen Bildung (um als Philosoph und als Staatsmann zu reden) operiren, — betrogen und mißbraucht, wie sie werden, von Parteien, welche solche beklagenswerthe Verblendung benutzen, um **ihre** Herrschaft anzustreben, und in diesem Streben bald einander zu fördern, so lange es zu zerstören, zu vernichten und auszureißen gilt, und bald gegenseitig sich zu befehden, sowie es sich um dasjenige handelt, was an die Stelle gesetzt werden soll. — Möchten die Regierungen doch mit richtigem staatsmännischen Blick ferner erkennen, wohin es führen muß, wenn die Angelegenheiten der Kirche in Staaten, **die auf der vom Christenthum gegebenen Grundlage entstanden und emporgewachsen sind**, als dem Staate **fremd** betrachtet werden, wo es denn bald dazu kommt, daß sie als dem Staate **feindlich** — auf beiden Seiten — betrachtet· und behandelt werden.

Das Jus circa sacra, welches dem Staate **als solchem** zukommt, ist, wie das der leiblichen Aeltern, ein unveräußerliches Recht, obwohl beide arg mißbraucht werden können und oft gar arg mißbraucht werden. — Ein Staat, der dieses Rechtes sich zu begeben unternimmt, verläugnet, was den Menschen zum Menschen macht. — Der Staat hat dieses Recht mit strenger Gerechtigkeit und Billigkeit zu üben. Haben ja doch die Christen in den ersten Jahrhunderten der christlichen Zeitrechnung, wenn es nicht möglich war die weltliche Rechtsprechung und die staatliche Hülfe zu umgehen, im heidnischen römischen Weltreich dieselbe angerufen, ehe diese **heidnische** Weltmacht die Vernichtung der Kirche Gottes sich zur Aufgabe gesetzt, und in den Intervallen die, auch nachdem diese feindliche Stellung zum Christenthum eingetreten, immer noch von Zeit zu Zeit den Christen einige Erholung in dem unvergleichlichen Kampfe gegönnt, den scheinbar die riesigste materielle Uebermacht, im Bunde mit der ganzen heidnischen Cultur, Intelligenz und Kunst gegen eine sowohl thatsächliche als principielle absolute Machtlosigkeit, in der That aber die Welt gegen **Gott den Allmächtigen** geführt. — Wie viel mehr muß dieß also von **unseren** Staaten als rechtsbeständig gelten, und zugleich als im Interesse beider großen Anstalten liegend, wovon die eine **unmittelbarer** göttlicher Setzung ist und ihre Vollendung erst **in der Ewigkeit selbst** erlangt, während die andere **mittelbar** nicht minder von Gott gewollt und geordnet ist und dazu dienen soll, daß die Menschheit durch die Schule dieses Zeitlebens für dieselbe **Ewigkeit** reife, und durch die Ordnungen dieser sichtbaren Welt, deren Gestalt jedoch dahin schwindet,*) vorbereitet werde zu der wahren und ewigen Ordnung des Gottesreiches: wie viel mehr, sagen wir, muß es nicht von diesen **unseren** Staaten gelten, und zugleich als im Interesse des Staates wie der Kirche liegend erkannt werden, daß das Jus circa sacra ihm unveräußerlich gebührt. Haben ja doch **unsere** Staaten sämmtlich in dem Erdreich des Christenthums die Wurzeln ihres Bestandes! Die appellationes de abusu sind in der Natur **unserer** Staaten gegründet. Wie kann eine christliche Regierung z. B. es zugeben, daß eine maaßlos gewordene Tyrannei einen Bischof bedränge und sein Wirken paralysire, oder einen Priester,

---

*) I. Cor. VII, 31.

und wäre es der niedrigstgestellte in den Augen der Welt, zu suspendiren, eventuell abzusetzen und vielleicht gar des Gebrauches der seinem heiligen Charakter unveräußerlich und unverlierbar inhärirenden Rechte zu berauben und von den heiligen Funktionen dieses Charakters zu interdiciren unternehme, zum größten Schaden der Seelen und der gesammten Kirche, oder daß einem rechtschaffenen, christlich-unbescholtenen Gläubigen die heiligen Sacramente öffentlich verweigert werden, gegen welche auch nicht der Schatten eines wirklichen Unrechts in kirchlicher Beziehung, einer Uebertretung der Gebote Gottes und der Satzungen und Ordnungen der Kirche nachgewiesen werden kann, denen vielmehr nichts anderes vorgeworfen wird, als daß sie gerade getreuer, als dem jetzigen System lieb ist, an dem festhalten, was allein für treue Kinder und Diener der Kirche maaßgebend sein kann!

Bei einer solchen Abdication der Staatsregierungen, in Betreff einer ihrer wichtigsten Aufgaben, kann zwar eine perfide Religionsfeindschaft, gleich der des Kaisers Julianus, des vom Christenthum Abtrünnigen, es auf die Vernichtung des Christenthums abgesehen haben. Sie wird auch ihren fluchwürdigen Zweck für das eigene Land erreichen, wenn der Augenblick eines deßfallsigen göttlichen Strafgerichts gekommen sein sollte. Aber unter welchen entsetzlichen Erscheinungen! mit welchen zerrüttenden Folgen für den Staat!

Diese Betrachtung müßte auch die Haltung der Regierungen, wenigstens solcher die an der Spitze großentheils oder zu einem bedeutenden Bruchtheil katholischer Völker stehen, in Betreff eines Conciliums bestimmen. — Wesentlich akatholische Regierungen könnten freilich, um ihr Verhalten in dieser Beziehung zu regeln, nur im Anschluß an solche Regierungen zugelassen werden, welche an der Spitze solcher Staaten stehen, die wesentlich als katholische anzusprechen sind. —

An dieser Stelle konnten wir nur diese Andeutungen geben. Sie genügen, wo guter Wille vorhanden, um zu veranlassen nähere Information sich zu verschaffen. Wo er nicht vorhanden ist, da würde auch die ausführlichste Erörterung vergeblich sein. Nun haben wir hier noch etwas über den Curialismus überhaupt zu sagen, und über dessen neueste maaßlose Uebertreibung. Entstanden ist dieses System nach und nach, und die Kirchengeschichte zeigt das Wie, und weist die Verhältnisse und Ereignisse nach, welche sein Wachsthum und seine unverkennbare Uebertreibung im Verlauf unseres Mittelalters ermöglichten, veranlaßten und beförderten. Die Geschichte der Kirche und die Profangeschichte geben gleicherweise Kunde von dem, was dieses System geschadet hat; denn das wirklich Gute, was der Primat gewirkt, das hat er ungeachtet dieses ihm selbst, wie der Kirche überhaupt zum größten Schaden gereichenden System's gewirkt.

In seiner früheren, allenfalls noch ertragbaren Gestalt wohnt diesem System nur darum Verführungsfähigkeit ein, weil, wie dieß bei jedem Irrthum der Fall ist, ein Körnchen Wahrheit, oder nennen wir es für das jetzige Weltalter lieber eine berechtigte und auf eine künftige Verwirklichung hinweisende Sehnsucht ihm zur Veranlassung dienen mag.

Es ist nämlich die Erinnerung an ein Bedürfniß nach höherer Vollendung, welches, so lange es nothwendig war, in der Zeit der apostolischen Gründung also, in einstweiliger Verwirklichung Befriedigung gefunden, seine wahre und dauernde Befriedigung aber erst in einer prophetisch zugesagten zukünftigen Vollendung und Erfüllung finden wird. Es ist dieß die Sehnsucht nach einer der episcopalen Leitung eigentlich übergeordneten charismatischen Oberaufsicht. Diese wird der Kirche im eigentlichen Sinne zu Theil werden, wenn sie gelangt sein wird zu der Fülle des Alters Christi, *) wie wir über-

---

*) Non dormitabit neque dormiet qui custodit Ecclesiam; is nimirum qui ascendens in altum, dedit quosdam quidem Apostolos, quosdam autem Prophetas, alios vero Evangelistas, alios Pastores

zeugt sind, noch ehe die Geschicke dieser jetzigen Welt sich er=
füllt haben und zum letzten Abschluß werden gediehen sein. Sie
wird ihr alsdann werden durch den, der da ist das wahre
Oberhaupt Seiner Kirche, weil Er ist der Erstgeborne aller
Schöpfung (Col. I, 15.) und unser wahrer Oberhirt und
uns'rer Seelen Bischof, der eigentliche Apostel Gottes (Hebr.
III, 1.) und der getreue Zeuge (Apoc. I, 5), wie denn die
ersten Christen, z. B. die wahrhaft glorreichen Blutzeugen von
Lugdunum (Lyon), vielfach Ihm allein den Namen Martyr
(Zeuge) zukommend erachteten. Die Kirche hat sich, in unvoll=
kommener einstweiliger Erfüllung, solcher charismatischen
Oberaufsicht zu erfreuen gehabt, so lange die Apostel unseres
Herrn Jesu Christi in diesem Zeitleben der Kirche vorstanden und
so lange der längst lebende derselben, Johannes, diese Oberaufsicht
zuletzt allein noch führend, in so fern an ihrer Spitze stand, —
mochte er zuletzt in Rom, auf Patmos in der kaiserlichen Ver=
bannung des heidnischen Weltreichs oder zu Ephesus weilen. Es
war dieß eine der katholischen Kirche bis zu deren genugsamen
Festigung nothwendige providentielle Fügung, auf daß sie gegen

---

et Doctores, ad consummationem Sanctorum, in opus ministerii,
in aedificationem corporis Christi, donec occurramus omnes in
unitatem fidei et agnitionis Filii Dei, in virum perfectum,
in mensuram aetatis plenitudinis Christi. (Concil Senon.
ann. 1528 dec. 1.) Dieses Decret ist ganz schriftgemäß formulirt und sehen
wir hier wieder, wie die Kirche Häresie und Schisma nur mit der vol=
len Wahrheit, nimmer aber mit dem curialistischen System abzuwehren
vermochte. Wir wissen übrigens, daß das was wir oben gesagt haben
von einer Erfüllung der in Rede stehenden Sehnsucht, die schon vor
Ablauf des jetzigen Zeitlebens zu erwarten sei, näher begründet und
entwickelt werden müßte. Dazu ist aber hier der Ort nicht, obwohl wir
jederzeit dazu bereit sein würden. Dennoch glaubten wir Angesichts der
über alle Vorstellung traurigen Aussichten in die nächste Zukunft diese
Andeutung geben zu müssen. Denn wenn wir jetzt jeden Augenblick
seufzen müssen: wo ist Israels Licht und Stärke, wo ist Israels Ruhm?
so wird es nunmehr unsere Aufgabe, zu harren auf Israels Trost.

die zum Abbruch gelangende Synagoge und gegen das Heiden=
thum, also gegen eine mißbrauchte, von ihrem Vollmachtgeber ab=
trünnige, und gegen eine ungeheure fictive und ganz abusive
Autorität in den ersten Zeiten sich behaupten und **ganz rein**
ausgestalten und von allen häretischen Zuthaten eben so **voll=
kommen rein** erhalten könne, bis sie erstarkt genug war, um
den schweren Lebenskampf anzutreten und zu bestehen, der ihre
Aufgabe sein sollte während einer solchen Reihe von Jahrhunderten,
hineingestellt als bedingendes und bestimmendes Princip mitten
in die Reihe der bedeutendsten Entwickelungen der Menschheit.

Wie **der Menschheit überhaupt** das lange Leben der Pa=
triarchen der vornoachidischen Welt, und, wenn auch schon beträcht=
lich abgeschwächt, auch das der Patriarchen der wahren Religion
während der ersten anderthalb Jahrtausende nach der historischen
Fluth zum höchsten Segen gereichen mußte, — wie dieß der
große Pascal so richtig bemerkt und so schön entwickelt (s. dessen
Pensées, Tit. XI der ursprünglichen Ausgabe), — so ist es
auch **mit der Kirche des neuen Bundes.** Auch ihr mußte
das lange zeitliche Leben des großen heil. Apostels Johannes, des
vorzugsweise jungfräulichen unter den ursprünglichen „**Zwölfen**",
des von dem Herrn vorzugsweise Geliebten, zum größten Segen
gereichen.

Und siehe da! gerade dieses in der bisherigen Geschichte der
Kirche so bemerkenswerthe neutestamentliche Ἀντίτυπον (Antitypon) und πρόπλασμα, Vorbild und Modell gleichsam **der Er=
füllung** dessen, wovon der Curialismus ein entstelltes und un=
haltbares **Gegenbild**, eine wahre ἀνομοιότης (eine ungleiche, ganz
verschiedene und andersartige Gestaltung) uns vor Augen stellt, ge=
rade dieses ehrwürdige Antitypon genirt die Curialisten, besonders
die ganz modernen und vollends extravaganten Stimmführer, und
sie möchten den heiligen Apostel und Seher der Apocalypsis ins
Dunkel stellen, ja sie erfrechen sich geradewegs zu **behaupten,**
er sei hinter den heiligen Cletus und Clemens von Rom, hinsichts

der Ober-Aufsicht über die ganze Kirche, **vollständig** in den Hintergrund getreten und dieser Hintergrund sei der ihm deßfalls gebührende Platz gewesen! Kann man überhaupt das *christliche*, und das *apostolische* Alterthum insbesondere durch einen ärgeren Hohlspiegel gewahren? Während durch die Erzählung der Fragen, die am See Tiberias von den Jüngern an den Auferstandenen gerichtet wurden und von dem Mißverständniß der Antwort, die der Herr darauf gegeben, und durch so manchen Zug in dem Leben und in der Liturgie der Kirche (z. B. durch den Text der Präfation an den Tagen der Apostel nach dem römischen Missale) allein schon von dem Gegentheil dieser willkürlichen Behauptungen uns genügende Kunde wird!

Indem er überhaupt mit dem **berechtigten** Begriff der **Entwickelung** in dessen Anwendung auf die Kirchengeschichte denselben Mißbrauch treibt, welchen Hegel und dessen Schule mit diesem Begriff in dessen Anwendung auf die gesammte Geschichte der Menschheit sich zu Schulden kommen lassen, vollendet der Curialismus in seiner jetzigen Maaßlosigkeit und Extravaganz den Kreis seiner Verirrungen. Anstatt der Leitung der **geordneten** und **gesunden** organischen Thätigkeiten der Kirche durch den heiligen Geist, setzt dieses System eine vermeintliche Inspiration, gleich der von den Quäkern behaupteten und in Anspruch genommener,*) und zwar ist es in der That eigentlich **nur** der Papst, welchem diese Inspiration in der Regel zu Theil wird, da an der ihm zu Theil gewordenen allein die Aechtheit derjenigen soll geprüft werden können, die etwa auch noch den übrigen Bischöfen sollte zu Theil geworden sein. — In seiner **neuesten** Ausgeburt der sog. latenten Dogmen, wobei er sich nicht einmal durch die pro-

---

*) S. die römische Civiltà cattolica vom 6. Februar d. J. in dem Artikel, den die A. A. Z. in den so bedeutsamen Artikeln vom März d. J. besprochen und auf welchen auch der Artikel derselben Zeitung in der Beilage zu Nr. 94 vom 4. April d. Js. Bezug genommen hat.

videntiell genau constatirte Zeitbestimmung des Beginns und ersten
Auftretens einer Meinung und durch die feierlichste und ununter=
brochenste Bekämpfung derselben von deren erstem Lautwerden an
in seinem Gebahren stören läßt, steht er ferner ganz auf gleicher Stufe
mit der Fiktion der sog. unsichtbaren Kirche, deren die alten Protestan=
ten bedurften, um das positive Christenthum ohne reelle „Kirche"
festzuhalten. — Mit seinem unbedingten Entwickelungsgesetz, wie
er es nämlich darstellt, steht er nun gar auf dem Boden des He=
gelianismus. Denn ihm zufolge ist Alles berechtigt, ihm gilt Alles
als gesunde Entwicklung, was in der Kirche unter ausdrücklicher
oder stillschweigender Billigung Roms entstanden ist und thatsäch=
lich besteht. — Und wie nach Schleiermacher der heilige Geist nur
der, ihm zufolge durchaus wandelbare Geist der christlichen Ge=
meinde sein soll, so will der Curialismus in seinem jetzigen
Extrem die jedesmaligen Einfälle des bezüglichen Zeitabschnittes
der christlichen Aera, wie sie, etwa durch vorangegangene Mein=
ungen vorbereitet, vom Papste dann ex cathedra redend for=
mulirt und von einem ganz und gar abhängigen Episcopat accep=
tirt, demselben geradezu aufoctrohirt werden, für Aussprüche
der Kirche erklären, der Kirche, die doch heute dieselbe
ist, wie in den Tagen des irdischen Zeitlebens der
Apostel und während der Dauer des ganzen christ=
lichen Alterthums und die heute nichts explicite zu glauben
entdecken kann, was früher durchaus nur implicite angeblich
geglaubt worden wäre. Es findet zwischen dem Curialismus und
Schleiermacher's Lehre hierinfalls nur der Unterschied statt, daß
jener, weil er seinen äußeren Zusammenhang mit der wahren
katholischen Lehre doch nicht ganz verläugnen kann, wenigstens für
die Ewigkeit einen absoluten Abschluß der Vollendung gelten
lassen und in Aussicht stellen muß, welchen Schleiermacher für et=
was in alle Ewigkeit Undenkbares zu halten scheint. Wie stimmt
nun aber ein solches Gebahren mit der Mahnung des heiligen
Geistes: „Hüte dich die alten Marksteine zu überschreiten, welche

„deine Väter (im Glauben) einst gesetzt?" (Sprüche Salomonis XXII, 28.) — Wie verkennt man hiebei, daß das christliche Alterthum allezeit unser Vorbild und unser Muster bleiben wird, so daß jede Abweichung von dessen Gesinnung und dessen Wesen nicht mehr eine gesunde Entwickelung, sondern eine krankhafte Affection, wenn nicht gar eine Abirrung ist, und daß auch in der Pietät, wie in Allem, das christliche Alterthum unser Muster in dem richtigen Ausmaaß nach jeder Richtung bleibt, so wie in dem Grade, nach dessen Erreichung wir zu streben haben! Wo bleibt ferner die Rücksicht auf die apostolische Warnung in dem Brief an die Römer XII, 3, wo das $\varphi\varrho o\nu\epsilon\tilde{\iota}\nu$ $\epsilon\dot{\iota}\varsigma$ $\tau\dot{o}$ $\sigma\omega\varphi\varrho o\nu\epsilon\tilde{\iota}\nu$, die besonnene, richtig urtheilende, wahrhaft kluge Enthaltsamkeit, Zucht und Keuschheit, die in jeder Richtung zu üben wir angewiesen werden, im Denken wie in der Gesinnung, — das sapere ad sobrietatem der Vulgata?

Die Ausrede des göttlichen Schutzes, der der Kirche gesichert ist, unterscheidet hierbei den Curialismus keineswegs von der Hegel'schen Schule. Auch Hegel nimmt einen göttlichen Schutz in Anspruch für seine Entwickelung und motivirt damit seine unbedingte Anerkennung alles Gewordenen und Bestehenden, wobei es in soweit nicht darauf ankommt zu untersuchen, was der arme Philosoph unter dem allerheiligsten Namen Gottes sich denkt, da es deßfalls sich hauptsächlich frägt, ob den Bedingungen genügt wird, unter welchen allein der göttliche Schutz, die vor Irrthum schützende Leitung durch den heiligen Geist sich bethätigen kann.

Und mit wie riesigen Zügen und mit wie grellen Farben widerspricht die Geschichte der Kirche, und nicht minder die gleichzeitige Profangeschichte, dieser willkührlichen Annahme! Wie kann man göttliche Harmonie und Schönheit unverantwortlicher entstellen! Wie kann man so verkennen, welchen verhängnißvollen Einfluß die Sünde und die aus ihr rührende Schwäche und der dadurch bedingte Irrthum auf eben diese allerdings Gottgewollte, und also nothwendige und unläugbare Entwickelung zu gewinnen und oft lange zu behaupten vermögen, und zwar um so mehr, je länger die Dauer einer krankhaften Entstellung, einer Hypertrophie und beziehungsweise auch Atrophie, schon gedauert hat. Wer kann die barocken Ausgeburten unseres Mittelalters für eine durchaus gesunde Entwickelung halten? Weil sie das nicht durchgängig sind, haben sie so mächtig beigetragen zu dem unseligen, und allerdings darum nicht minder, materiell wie formell, ungerechtfertigten Schisma der Griechen und der durch sie beeinflußten Orientalen. Und während sie im Mittelalter, in naiver Gläubigkeit, von aufrichtig und in oft rührender Treue christlichen Gemüthern und Intelligenzen ausgebildet, aufgenommen und festgehalten wurden, denen nur die christliche Durchbildung des heiligen Alterthums mangelte, und während sie damals, unter providentieller Fügung, im Einzelnen eine den gegebenen Verhältnißen adäquate Fülle guter Folgen hatten, werden sie dagegen, in ihrer neuzeitlichen gänzlichen Ausartung und Abnormität, nicht von naiver Gläubigkeit mehr festgehalten, sondern auf sophistischem Wege, nicht etwa allein als zu duldendes und zeitweilig geringeres Uebel entschuldigt, sondern als der Idee entsprechend vertheidigt, — natürlich unter dem Hohngelächter einer jenen eben erwähnten Verhältnissen ganz entwachsenen Welt, die mit jedem Tage giftiger in ihrem Haße, maaßloser in ihren Verläumdungen und rücksichtsloser auch in der Wahl der abscheulichsten Mittel wird, um Christum und Sein Reich — wie sie wähnt — zu vertilgen. — Wer kann nun diese barocken Ausgeburten und theilweisen Ungeheuerlichkeiten für eine ganz gesunde Entwickelung halten? Der mit der soliden Speise des christlichen Alterthums Genährte kann dieß nimmermehr!

Der treffliche Hadrian VI, dessen römischer Pontificat einer der auffälligsten Beweise der providentiellen Fürsorge Gottes für Seine Kirche ist, war sicher ein gar schülerhafter Staatsmann, wie er in Spanien bewies, als seines (damals noch jungen) ehemaligen Schülers Karls des V. (in Spanien des I.) Vertrauen ihn dort auch in dieser Weise verwendet haben wollte. Der große Ximenez de Cisneros, groß als Staatsmann wie als Gelehrter und einsichtsvoller Förderer der Cultur, aber als Theolog unter dem Einfluß eben dieser (allerdings damals noch naiven), in rein kirchlicher Hinsicht als barock zu bezeichnenden Einrichtungen geschult, denen die durch das Christenthum wesentlich bedingte, und nur **darum** intensiv so gewaltige und so unzerstörbare moderne Cultur noch nicht ganz entwachsen war, jener aus des heiligen Franziscus geistlicher Familie hervorgegangene merkwürdige Kirchen=Prälat und große Staatsmann, — der so unverhältnißmäßig rein dasteht neben dem schon ganz modernisirten Richelieu, — er war den Schwierigkeiten der Staatslenkung gewachsen und Hadrian, der Utrechter Bürgerssohn, nicht entfernt. Aber als Theolog, und insoferne also auch für die Regierung und Leitung der Kirche, war dieser jedenfalls normaler. Nun sehe man diesen würdigen Oberhirten zu Rom, und vergleiche ihn mit seinen Nachfolgern, die entweder gar nicht Theologen waren und sind, — wie es denn im 17. Jahrhundert üblich war, es auch ganz ehrlich einzugestehen, — oder in denen, wie dieß von den auf Clemens VII. bis zu Paul V. einschließlich gefolgten gilt, der Theolog jedenfalls durch den Staatsmann absorbirt wurde, so daß nur Clemens IX, Innocentius XI, Innocentius XII, Benedikt XIII, Benedikt XIV und Clemens XIV mehr oder minder noch als wahre Theologen, und in erster Reihe als Bischöfe und Päpste in rein kirchlicher Hinsicht charakterisirt sind.*) Hadrian VI, so betrachtet und verglichen, hilft gar sehr den Schlüssel gewinnen zur richtigen Entzifferung und Würdigung jener

---

*) Jedoch zeigte Benedict XIII. die Einseitigkeiten der Schule, wie sie auch an Pius V. wahrzunehmen sind, daher er auch so leicht und verhängnißvoll wie dieser mißbraucht werden konnte.

Gestaltungen, die wir barock genannt, und die keineswegs als eine der göttlichen Setzung eigentlich entsprechende und also gesunde Entwickelung angesprochen werden können, die also auch nicht als etwas Normales zu vertheidigen und unbedingt festzuhalten sind. Doch, wir gerathen hiermit auf ein Gebiet, auf welches wir uns hier nicht einlassen wollen. Es ist etwas, das zur Zeit noch zu den Gegenständen gehört, die wirklich mit Recht als Adiaphora zu bezeichnen sind.

Nicht also verhält es sich aber mit der Meinung der s. g. Infallibilität des Papstes. Diese ist nicht eine mit Gutem zeitweilig verträgliche. Nicht bloß ist sie eine mangelhafte, zur Verhinderung größeren Uebels, unter providentieller Führung entstandene und daher zuzulassende, eine, wenn auch nicht hartnäckig festzuhaltende, doch auch nicht leichtsinnig wegzuwerfende Gestaltung, eingedenk des französischen Sprichworts: que le mieux est (souvent) le plus grand ennemi du bien, d. h. daß das (voreilig angestrebte) Bessere (oft) der größte Feind des (zur Zeit erreichbaren) Guten ist; — wir haben es hierinfalls nicht mit einer nur möglichst wohnlich einzurichtenden und möglichst gut zu verwendenden Einrichtung zu thun; — nein, jene theologische Meinung ist ein krankhafter Auswuchs, gegen welchen jede Schonung gefährlich, und den in das heilige Gebiet der Glaubenslehre gar unter einem höheren, unter dem einzig verbindenden Titel einschwärzen zu wollen, ein tödtlicher Angriff auf die heilige Verfassung der Kirche, auf die göttliche Idee und Setzung derselben sein würde.

Das curialistische System nun, nachdem es während unseres Mittelalters nach und nach seine Ausbildung erhalten, war doch am Ende des 15. Jahrhunderts in reintheologischer Beziehung noch nicht so gefährlich, wie es dieses erst später geworden. Es hatte noch eine heilige Scheu vor dem heiligen Gebiete der Glaubenslehre, und es hütete sich wohl an dem depositum fidei, an der kostbaren Hinterlage des Glaubens, eine frevelnde Hand zu legen. Die Unwissenheit hatte zwar schweren Schaden gethan, aber man hegte noch die größte Ehrfurcht vor dem zwar wenig gekannten, und in manchen Stücken, durch das fast ausschließliche Medium der Scholastik nicht ganz rein aufgenommenen, von Gott anvertrauten Schatze. Auf die unbefangenere Verweltlichung mit **alttestamentlicher Färbung***) folgte die Repristinirung **des Heidenthums** im 14. und 15. Jahrhundert. Auch diese, so entsetzlich sie der religiösen Innigkeit des kirchlichen Lebens schadete, war doch der kostbaren Hinterlage des Glaubens bei weitem nicht so antipathisch, wie das modernste Extrem des Curialismus. (Wir lernten aus dieser Periode des Curialismus den Cardinal à Turrecremata bereits kennen.) — Diejenigen Päpste und Koryphäen des römischen Hofes, die sabducäisch gesinnt waren, kümmerten sich damals wenig um die geistlichen und theologischen Dinge, und ließen in der Regel diejenigen in dieser Beziehung gewähren, die der Unkirchlichkeit und dem Unglauben **nicht** verfallen waren: »in mere spiritualibus«, wie mit bedauerndem „gutmüthigem" Lächeln, vor der letzten Säcularisation, so manche verweltlichte deutsche Prälaten sagten. — Gefährlicher wurde der Curialismus schon mit Cajetan, — bei welchem wir zuerst einer **ausgebildeten theologischen** Meinung von der **Papal-Infallibilität im eigentlichen Sinne** dieses Wortes begegnen, — und während eine wahre und ächte reformatorische Bewegung innerhalb der katholischen Kirche sich regte und die ungeheueren Schäden der damals letztvergangenen Jahrhunderte zu heilen und zu tilgen bestrebt war, ohne welche der Protestantismus nicht möglich gewesen wäre, festigte sich gleichfalls der Curialismus in dieser seiner modernen **theologischen**

---

*) Es war eine retrospective Anticipation, eine πρόληψις παλινορμενος, d. h. ein thatsächlich rückwärtsstrebendes, ja zurückeilendes Vorausnehmen, in Folge verdunkelter, mangelhafter Vorstellung der wirklich verheißenen Erfüllung.

Gestaltung. Es gelang dem römischen Hofe in den Reformations=
Decreten des heil. Conciliums von Trient eine Hinterthüre an=
bringen zu lassen, und nach dessen Schluß sich in den Besitz einer
centralisirten, Leben erstickenden Gewalt zu setzen, zu welcher, außer=
halb seines unmittelbaren Machtkreises, die spanische Inquisition,
die Nuntiaturen, vorzüglich aber überall die Jesuiten ihm verhal=
fen, welche letztere allein sich das Vorrecht vorbehalten durften, ihr
auch nicht zu gehorchen, wenn deren Anordnungen und Weisun=
gen nicht nach ihrem Sinne waren. Da ist es eben, wo die galli=
canische Kirche, d. h. die Kirche Frankreichs in ihrer Aechtheit und
wirklichen Existenz, die unermeßlichste und segenreichste Bedeut=
ung für die ganze heil. katholische Kirche erhielt, weil sie, allein
unter allen großen Abtheilungen dieser heiligen Gesammtheit, oder
unter allen Nationalkirchen, gemeinsam an der alten Kirchenver=
fassung soweit festhielt, als es die Zeitverhältnisse und das verderb=
liche Concordat gestatteten, welches mit König Franz I. Papst Leo X.
geschlossen hatte. Gebrochen wurde auch die Kraft dieser
Kirche unter Ludwig XV., besonders während des langen Mini=
steriums des Cardinals Fleury, vor jetzt bald 150 Jahren, und
zwar zu Gunsten des Curialismus, und durch Anwendung
der schmachvollsten Mittel; doch war ihre Verfassung noch unange=
tastet, so daß sie beginnen konnte, sich in der zweiten Hälfte des
vorigen Jahrhunderts wieder zu erholen. Kaum waren aber die
Früchte neu sich regenden Lebens und treu bewahrter Ueberliefe=
rung wahrnehmbar, so brach auf dem durch weltliche und zu=
letzt besonders, auch durch geistliche Mißregierung verwüsteten, und
durch den, Dank den Siegen des Curialismus und s. g. Jesuitis=
mus, allgemein herrschend gewordenen Unglauben zerwühlten Boden
die große politische Revolution aus, die seitdem europäisch und
americanisch geworden ist, und in deren Verlauf wir uns noch
immer befinden.

Wie in jedem gegebenen Falle nun zwischen den Sünden
der Völker und der etwaigen Schlechtigkeit ihrer Regierungen die

innigste Wechselbeziehung besteht, — so auch zwischen denen des gläubigen Volkes und den Zuständen des Clerus und der etwaigen Mißregierung der Kirche. Besonders macht sich das in unseren Tagen auch in Betreff der Kirche bemerkbar. Die beispiellos traurigen und durchaus abnormen Zustände der Kirche, **die schier bis zum Unerträglichen gediehen sind, und jetzt in dieser Weise fixirt werden sollen**, sind nämlich herbeigeführt und ermöglicht worden durch eine irrige und falsche Strömung, die ausgegangen ist von **Laien**, welche in Folge der Verwüstung des Weinbergs durch den Curialismus und durch die Societät Loyólas, selbst aller ächten katholischen Unterweisung ermangelten, dann aber, als die Zerstörungen der Revolution und das ideenlose, atomistische, mechanische, Leben vernichtende und Leben negirende weltliche Regiment, das daraus hervorgegangen, die Sehnsucht nach etwas **Menschenwürdigerem** in ihnen hervorrief, ein **Wahngebilde** statt der **Wahrheit** umfaßt haben. Die großen Talente, die selbst theilweise unläugbare Genialität dieser Männer haben leider nur dazu gedient, die Irrthümer, denen sie huldigten, verlockender und gefährlicher zu machen. Es waren theils deutsche Protestanten, die sich nicht einmal zur katholischen Kirche bekannt haben, theils deutsche Convertiten deren Conversion nicht von so ganz ächtem Gehalt wie die Stolbergs war, **der diesen Vorzug den Resten der alten Kirche Frankreichs verdankte, welche auf seine Conversion entscheidenden Einfluß gehabt**, theils von Hause aus gleichsam der katholischen Kirche angehörende Männer, die aber, wie schon gesagt, aller tüchtigen kirchlich-religiösen Unterweisung und Durchbildung ermangelten und in der Theologie daher allezeit nur Dilettanten geblieben sind. Wir finden unter den Frankreich angehörenden ersten Koryphäen dieser Richtung nur Einen Priester: es ist der unglückliche Lamennais. Alle anderen waren Laien. In Deutschland verhielt es sich eben so. Und von dem zerwühlten Frankreich und dem in Mitleidenschaft gezogenen

Deutschland ist so durch Laien diese ganze unglückselige kirchliche Revolution ausgegangen, während alle früheren kirchlichen Umwälzungen von Gliedern des Clerus ausgegangen sind, wie denn überhaupt, naturgemäß, wie die größten Segnungen, so auch die größten Calamitäten in der Kirche von dem Clerus auszugehen pflegen.

Dieser ausnahmsweise Ursprung einer Umwälzung, welche, innerhalb der katholischen Gemeinschaft, die ganze Verfassung der katholischen Kirche wesentlich alterirt und sie bis zur Unkenntlichkeit verunstaltet hat, ist wohl zu beachten. Durch sie ist der Curialismus zu seinem neuesten, maaßlosesten Extrem und zu seiner alles ertödtenden, unbedingten Herrschaft gelangt. Dieser entsetzliche Erfolg wäre freilich unmöglich gewesen, wenn die politische Revolution nicht vorher alles zerstört und vernichtet hätte, und ist auch nicht eher vollständig eingetreten, als bis die unter dem Einfluß dieser Verunstaltung immer weiter fortschreitende Entfremdung und Entfernung der Mehrzahl vom christlichen Princip, die dadurch bedingten Fehler, der Unterlassung mehr noch als der Begehungen, Seitens der Regierungen, und die folglich immer neuen Ausbrüche und Fortschritte der Revolution auch die letzten richtigen Erinnerungen an die alt-kirchlichen und ächt katholischen Zustände und Einrichtungen, Grundsätze und Uebungen verschwinden gemacht.

Den modernen Pseudo-Traditionalisten sind dann später, besonders in Frankreich, die modernen loyolitischen Scholastiker entgegengetreten, zuweilen berichtigend, zuweilen auch nicht, oder nur einen Irrthum d. h. meistens eine verzerrte ursprüngliche Wahrheit an die Stelle einer anderen Wahrheits-Verzerrung und also eines anderen Irrthums setzend, wohl niemals jedoch mit ebenbürtigem Geist, mit nur annähernd gleichem Talent. Ihre Organisation hat aber den Sieg davon getragen; beide Richtungen haben sich seitdem verquickt, und so ist der vom Curialismus bestens acceptirte Zustand der Kirche entstanden, der — wenn der

Plan gelingt — für die Dauer befestigt werden soll. Sie wäh=
nen wenigstens ihn stetig machen zu können!

Was ist in Folge dessen aus der Kirche, aus dem theuer er=
kauften Erbtheil geworden? Das Leben der Gemeinde ist vollständig
vernichtet, ihre Geschichte wird verläugnet, ihre alten Uebungen
abgeschafft, der Unterricht ist nicht mehr bloß **ungenügend**,
sondern geradezu verwirrend und durch seine entsetzliche Dürre
bereitet er den Abfall vor und den Tod. Der in der Predigt
fortzusetzende Unterricht ist entweder eben so beschaffen wie der
katechetische, oder, wenn er besser ist, so findet er nicht die geringste
Vorbereitung und Fähigkeit, um daraus Vortheil ziehen zu können;
es ist eine fremde Sprache, die nur Verwunderung höchstens ver=
ursacht, meistens aber, weil unverständlich geworden, unbeachtet
bleibt. Geübt wird nichts, gelesen auch nichts, — oder es treten
rein äußerliche Uebungen und Allotrien=Andachten an die Stelle
der kräftigen, Nahrung gewährenden und Fortschritte im inneren
Leben vermittelnden Uebungen, Andachten und Lesungen. Von
heiliger Schrift, von auch nur mittelmäßigster Kenntniß und Würdig=
ung des Lebens der Kirche, von Theilnahme an den unermeßlichen
Schätzen ihrer liturgischen Gesänge und Gebete überhaupt, von den
trefflichen Büchern der früheren Jahrhunderte ist nirgends mehr
die Rede. Armselige, höchstens **mittelmäßige** Bücher, die in
übergroßer Menge alltäglich fabricirt werden und das Licht der
Oeffentlichkeit erblicken, werden denen geboten, welche noch einigen
Hunger empfinden, welche die Entbehrung der Nahrung nicht schon
des Gefühls der Nahrungsbedürftigkeit gleichsam entwöhnt und
fast der Fähigkeit hat verlustig gehen lassen, sie aufzunehmen und
zu verarbeiten: so ist es hinsichtlich des **gläubigen Volkes jeden
Alters**, Standes und Geschlechtes und **jeder Bildungsstufe**, —
denn für die Theologen erscheint, — wenigstens in Deutschland,
kaum noch in Frankreich, in Italien, Spanien und den übrigen
Ländern aber so gut wie gar nicht mehr, — hin und wieder noch
etwas Besseres, oder selbst mehr oder minder Gutes, und in den

Hülfswissenschaften der Theologie sogar zuweilen Treffliches, welches wirkliche Errungenschaften der Wissenschaft zu Tage fördert; aber auch hier ist das Meiste mittelmäßig und selbst schlecht, und das Gute findet nur sehr selten die nöthige Vorbildung zur richtigen und vollen Benutzung und steht zusammenhangslos und recht recht eigentlich für das Leben wirkungslos da. — Von einer Kirchenzucht in der Gemeinde, von dem Schatten einer solchen ist auch nicht im entferntesten die Rede! Bis auf die Erinnerung daran ist Alles verschwunden. Die heilsamsten Ermahnungen und Satzungen der Kirche sind gänzlich unverstanden, werden als eine willkürliche Last betrachtet, nur äußerlich und geistlos, ohne Andacht und Liebe, ja, oft mit Versündigung gegen deren Geist und Zweck, oder gar nicht beobachtet. Ach! wir könnten noch viel mehr sagen, dieß alles im Detail ausführen, und mit den zahlreichsten, mannichfaltigsten und traurigsten Beispielen belegen.

Aber dafür bei Leibe kein einheimischer, wenn auch noch so alter, schöner und ehrwürdiger Ritus, alles neu-römisch und besonders sklavische Unterwerfung jedes Geistlichen unter diesem — bisheran durchaus beispiellosen Regiment, will er nicht den mit unglaublichster Willkür ausgeübten Vexationen unterliegen und auch bei größter Unsträflichkeit, und wenn seine Amtsführung, in der Seelsorge oder als Lehrer, noch so segensreich ist, abgesetzt und entfernt, ja, sogar der dem sacerdotalen Charakter inhärirenden, mit den sacerdotalen Pflichten in wesentlichem Zusammenhang stehenden erhabenen Rechte beraubt werden. Die Beispiele sind häufig, die häufigsten und maaßlosesten im heutigen Frankreich (!) und in Italien. Denn von kirchenrechtlicher Praxis ist gar nicht mehr die Rede. Selbst die Inamobibilität schützt kaum noch, wo sie noch besteht, zumal der Staat seine deßfallsige Pflicht und sein großes Interesse an der Unversehrtheit der Religion heut zu Tage verkennt und die Regierungen eher eine feindselige als eine schützende Stellung der Kirche gegenüber einnehmen. Aber auch diese kleine Gêne soll, dem Vernehmen nach, beseitigt werben und die ächt revolutionäre Abschaffung der Jnamovibilität ist ein jedenfalls angestrebtes Ideal! — Und wird in einem kirchengeschichtlichen oder sonstigen theologischen Werke eine dem Curialismus unliebsame Wahrheit oder Thatsache erörtert, so wird das Buch verpönt und dessen Verfasser verschrieen, und es beginnt gegen ihn, wenn er den Reihen des Clerus angehört, die Reihe der oben beschriebenen Vexationen, wenn er nicht blindlings, also gegen die Regeln der christlichen Moral wie selbst der bloß bürgerlichen Ehrenfestigkeit sich — wie man das nennt — unterwirft, ohne gehört worden zu sein, ja, ohne auch nur zu wissen, was und warum es irrig sein soll.*)

Dagegen kann es vorkommen, was im vorigen Jahre die Zeitungen aus der Landschaft Drenthe berichteten, daß ein Priester, der von Rechts- und guter Sitte wegen hätte nie wieder an den Altar treten dürfen, zu den heiligen Functionen wieder zugelassen wird; es giebt Pfarreien, die man fast regelmäßig solchen anvertraut, die mehr oder minder entschieden demeriti sind, — und das christliche Volk kann z. B. die mit der Eigenschaft eines Christen unverträglichsten Dinge öffentlich treiben und die mit Gottes-Lästerungen der infamsten Art täglich angefüllten Blätter lesen; die Jugend kann unter diesen Eindrücken und Einflüssen aufwachsen, ohne daß die geringste Maaßregel der Kirchenzucht dagegen ergriffen würde.

Die sog. katholische Tagespresse aber besteht aus zwei Classen von Blättern. Die einen werden von Männern redigirt, die, so ehrenwerth sie sonst sein mögen, und theilweise unseres Wissens auch wirklich sind, doch gerade in der Religion unwissende Eiferer sind und auf ihr Publikum gerade in dieser Beziehung den

---

*) Man sieht, daß wie die Begriffe vom Glauben und vom christlichen Gehorsam, so auch der von der Demuth vollkommen pervertirt worden, da man solches Verhalten in der officiellen Sprache eine lobenswürdige Unterwerfung nennt. Siehe SS. 30—31 und 38 (Note), sowie 43—44 (Note).

allerschädlichsten Einfluß üben, und die anderen stehen unter einem Parteidruck, seufzen unter einer Sklaverei, die jedes überzeugungs= treue und überzeugungskräftige Wort ausschließt, so daß der gut= unterrichtete Katholik, der treu seiner Kirche ergeben ist, nirgends eine Möglichkeit findet, der ungetrübten Wahrheit zur Aeußer= ung zu verhelfen, wenn er nicht bei den seiner Kirche Fremden darum zu betteln sich entschließt, da er um keinen Preis bei den offenbaren Feinden und Lästerern um Zulassung sich melden kann.

Nur solche Begehungs= und solche Unterlassungs=Sünden machen es erklärlich, wie z. B. eine vorwiegend katholische Bevölkerung, gleich der der Städte München, Würzburg, und anderer bei den jüngst erfolgten Urwahlen, in München fast durchgängig, in den übrigen mit überwiegender Mehrheit, der Wahl sich zu ent= halten oder mit der wüsten Revolutions=Partei zu stimmen ver= mochte, mit den ärgsten Feinden der Kirche und des irdischen Vaterlandes zugleich!

Und selbst Blättern von achtbarer Haltung, wie die Augs= burger Postzeitung, werden von Zeit zu Zeit Artikel aufgenöthigt, die unter aller Kritik sind, in denen die armseligsten Subjecte sich an den tüchtigen katholischen Theologen zu reiben suchen, dabei aber eine Unfähigkeit und eine Ignoranz verrathen, die eine jede Vorstellung übersteigen.

Wagen ja doch selbst wissenschaftliche Zeitschriften nicht mehr, selbst den größten Impertinenzen ihre Spalten zu verweigern, oder, was noch besser wäre, mit einer tüchtigen Abweisung als Correctiv sie zu versehen. Kurz, der Mannesmuth und der priesterliche Muth, sie finden sich nur noch ausnahmsweise unter diesem Regiment, weil er **jedesmal** ein vollendeter Heldenmuth sein müßte.

Wenn in irgend einer Materie wir mit den historisch=politi= schen Blättern übereinstimmen, so oft uns noch etwas von den= selben zu Gesicht kommt, so ist es — im Großen und Ganzen — mit demjenigen, was sie über volkswirthschaftliche Fragen und Angelegenheiten bringen, da auch wir uns im practischen

Leben eine beträchtliche Reihe von Jahren gründlich umgesehen und mit diesen Problemen zu thun gehabt, die so furchtbar verhängnißvoll geworden. — Aber welcher Schlußwendung begegneten wir neulich in einem von der A. Postzeitung in ihrem Beiblatt mitgetheilten Artikel aus jener Zeitschrift?! „Die Regierung des jetzi„gen Beherrschers Frankreichs denke an keinerlei Bemühung für „die Heilung dieser entsetzlichen (durch ebendieselbe so außerordent„lich geförderten) Schäden; sie lasse jetzt sogar ungestört und un„gestraft jede Autorität verhöhnen und habe weiter keine Sorge, „als das angesetzte Concilium zu vereiteln, oder doch zu verhin„dern, daß dasselbe nichts gegen die sog. Freiheiten der gallicani„schen Kirche unternehme", (welche mit der in unseren Tagen gewöhnlichen, theils ächten, theils simulirten grassen Ignoranz in religiösen Angelegenheiten, wie eine Erfindung Ludwigs XIV. und ein Fabricat aus dem Jahre 1682 bezeichnet werden), und die Redaction fügt eine Bemerkung hinzu, dahin lautend, „daß dem „Vernehmen nach die bayerische Regierung mit **ähnlichen** Ge„danken umgehe."

Welch' ein Gefasel am Schluße eines Aufsatzes, der sonst sehr Wahres und Beherzigenswerthes enthält!

Ueber den jetzigen Beherrscher Frankreichs und dessen Treiben wollen wir hier kein Wort verlieren. Nur das wollen und müssen wir bemerken, daß uns kein Mensch übertreffen kann in dem Abscheu, welchen dieses Treiben in allen und jeden Beziehungen verdient, und in der Ueberzeugung, daß **in der christlichen Aera** dieses Treiben, wie es sich in Frankreich selbst, in Italien, im Orient (wo es nicht den alten französischen Traditionen gemäß verfahren mußte), in Deutschland, kurz überall, sowohl in dem, was es gethan, wie in dem, was es unterlassen, bewährt hat, noch nirgends und zu keiner Zeit an Ruchlosigkeit erreicht worden ist.

Daß der Sohn der Hortensia an der katholischen Kirche **als solcher** auch nicht das geringste Interesse nimmt, darüber kann kein unbefangener Beobachter einem Zweifel Raum geben. Es

würde insoweit ihm ganz gleichgültig sein, wenn noch so unerhörte
Attentate unternommen würden, die, im Namen der Kirche selbst
gegen deren Gott gesetzte Verfassung, Glaubens=Hinterlage, Tra=
dition und Geschichte ausgeführt, ihm und seinen Gesinungsge=
nossen nur als das sicherste Symptom eines nahen Unterganges
erscheinen müßten. Sie calculiren so: „Alles, was seinem inner=
„sten Lebensprincip, seinem Urgrund und seinem dadurch bedingten
„Wesen untreu wird, das ist seinem Untergang nahe." Ihr durch
den Haß, durch die Antipathie geschärfter Blick, — der Haß
sieht ja schärfer als die Liebe, wenn nämlich diese der
Höhe ihres Gegenstandes und ihrer Aufgabe nicht gewachsen ist, —
erkennt in diesen bisher unerhörten und für unmöglich erklärten
Unternehmungen, deren Zeugen wir waren und noch ferner sein
sollen, und in welchen die einem mattherzigen Glauben ent=
sprechende mattherzige Liebe nichts Abnormes sieht, ja, der schlecht
unterrichtete und übelberathene Fanatismus sogar den Triumph der
Kirche begrüßt, — er erkennt darin deren schmählichen Untergang,
da sie denselben überhaupt für möglich halten. Für seine Person
würde daher der jetzige Beherrscher Frankreichs auch gegen die
ausschweifendsten Pläne der Curialisten sicher nicht das Geringste
einzuwenden haben. Wenn seine phlegmatische Constitution auch
keine lebhafte Freude darüber aufkommen läßt, so würde er doch
diesem Auflösungsproceß, den alle die erwarten müssen, welche
Zeugen dieser Dinge sind und an die göttliche Stiftung und Ver=
heißung nicht glauben, mit einer gewißen Befriedigung beiwohnen.
Bestimmt ihn irgend etwas dazu, sich nicht ganz passiv dabei zu
verhalten und nicht der Verwirklichung aller curialistischen Träume
schadenfroh zuzusehen, so ist es einzig und allein die Besorgniß
des Geschäftsmannes in politicis, die Besorgniß, was
es geben möchte, wenn das Volk den Rest von Religion verlieren
sollte, den es zum Theil auf dem Lande und selbst auch noch
theilweise in den Städten hat. Wahrscheinlich wünscht er nur
den Auflösungsprozeß etwas zu verlangsamen, damit das Volk Zeit

habe, die neue Freimaurerreligion eingeimpft zu erhalten, was die jammervollen kirchlichen Zustände so sehr erleichtern, und welche dann, statt des Christenthums, nach dem Wahn dieser Menschen, die bürgerliche Gesellschaft und den Lebensgenuß ermöglichen soll, — den Genuß dieses Augenblicks, von dem sie mit dem Dichter bedauern, daß man vergebens ihm zuruft: verweile doch, du bist so schön! — Er sieht zu deutlich, daß die Verwirklichung der unerhörten Pläne der Curialisten der Religion einen furchtbaren Schlag versetzen wird, oder vielmehr, — denn die Religion und ihre nothwendige und gottgesetzte Gestalt, die Kirche, kann nicht untergehen, — daß jene Verwirklichung, sagen wir, die Veranlassung werden wird, durch welche die bis jetzt noch mehr oder minder christlichen Völker vollends des letzten Restes des Christenthums, zu ihrem höchsten Unglück für Zeit und Ewigkeit, werden verlustig gehen.

Diese Erkenntniß, — und zwar ist es eine Schmach, daß Männer, die das Wesen unserer heiligen Religion vorzugsweise kennen sollten, sich ihr verschließen, — diese Erkenntniß kann es nur allein sein, welche einen Mann, gleich dem jetzigen Beherrscher Frankreichs, veranlassen kann, der Verwirklichung jener ausschweifenden Pläne einen Hemmschuh anlegen zu wollen, — sofern die ganze Zeitungsnachricht auf Wahrheit beruht. Es kommt ihnen die Entchristlichung der Völker zu früh. Dieselben sind, nach ihrem Sinn, dafür noch nicht reif! Es muß die neue Form erst gefunden werden, ehe man die alte ganz abbricht. Das ist ihr Gedanke.

Gottes Gedanken sind andere, — sind erhaben über alles Denken der armseligen Menschenkinder. Gewährt Er solchen an sich heilsamen Gegenwirkungen, welche Motive die Menschen auch dazu bestimmen mögen, einen glücklichen Erfolg, — dann wollen wir Gott innig dafür danken, daß Er unserer Schwäche noch schont, eingedenk der Worte unseres Herrn: Betet, daß euere Flucht nicht in den Winter oder auf den Scha=

bath falle (Matth. XXIV, 20), d. h. nicht nöthig werde, während Ihr noch mehr oder minder in weltlicher Gesinnung befangen seid, oder, als Anfänger, noch der Schonung bedürfet, deren man selten in den ersten Zeiten nach der Bekehrung zu einem wahrhaft christlichen Leben entrathen kann, — und wollen wir alsdann nicht darauf sehen, welcher Werkzeuge Seine Vorsehung sich dazu bedient hat. Schlimm und traurig genug, wenn es nicht die apostolische Einsicht, Festigkeit und Treue der Mehrzahl der Bischöfe sein könnte, und wenn daher Gottes Vorsehung zum Schutz der Seinigen sich der Regierungen bedienen müßte, welche zur Zeit an der Spitze der noch übrigen katholischen Mächte: Frankreichs, Oesterreichs, Spaniens, Portugals, — Italien zählt leider! in keiner Weise mehr in dieser Reihe*), — Belgiens, Bayerns, und, für seine Person vielleicht, des trefflichen Königs von Sachsen, — d. h. bis auf den letzterwähnten Fürsten — solcher Staaten, die, in Vertretung, man kann sagen einst in Rettung der katholischen Sache unter den jetzigen christlichen Völkern in besseren Zeiten ihre Größe, ihren Ruhm und, so weit sie dieser Aufgabe treu gewesen, ihr Wohlergehen gefunden.

Eben diese Eigenschaft einer wesentlich katholischen Macht in dem angegebenen Sinne dieses Wortes hat einen unabweisbaren Einfluß auf eine jede an der Spitze Frankreichs stehende Regierung, wenn sie nicht die des National-Convents von 1793 ist, welche die Läugnung des lebendigen Gottes dekretirt hatte.

Denn die verläumbeten Artikel von 1682 sind weiter nichts

---

*) Der Grund hievon ist, weil das dortige Zwittergebilde der Revolution keine Geschichte und keinen gesunden Boden hat. Es ist von gestern, ein Werk der umwälzenden Willkür und der todten Abstraction, gleich unfähig zu leben und zu sterben. — Mit der Schweiz, die eigentlich auch zur Hälfte dahin gehörte, steht es so traurig, daß sie auch als ausfallend zu erachten ist. — Für das Verschwinden der übrigen katholischen Regierungen und Staaten hat die Welt gesorgt.

als der — noch dazu abgeschwächte — Ausdruck der Grundsätze der alten, wahren Verfassung der Kirche, den Ansprüchen der römischen Curie gegenüber formulirt. Der heilige König Ludwig vertrat dieselbe Verfassung, und deren Vertretung verdankt die Kirche Frankreichs ihre vergleichsweise Trefflichkeit nach allen Richtungen der Lehre und des Lebens bis zu dem unseligen Buonaparte'schen- und Restaurations-Concordat, dessen Wirkungen jedoch erst seit 1830 und noch mehr seit 1848 in ihrem ganzen Umfang hervortreten konnten, nachdem nämlich die Revolutionen successive alle Hemmnisse hinweggeräumt, die der Tyrannei des Curialismus entgegengestanden, — und dieser Trefflichkeit und Glorie der Kirche Frankreichs, mit welcher die alte Pariser Universität so wesentlich zusammenhing, verdankte wieder die Nation ihre Ausbildung, ihr Bestehen und ihre Widerstandskraft!

Auch dieser unabweisbare Einfluß muß also in Anschlag gebracht werden bei allen Schritten einer jeden französischen Regierung gegen eine jede das Wesen der Verfassung der Kirche in curialistischem Sinne alterirende Ausartung. — Von einer solchen in cäsaropapistischem Sinne kann gerade in Frankreich niemals ernstlich und dauernd die Rede sein. Auch das verdankt man dem Umstande, daß diese Kirche die alten Grundsätze der ächten Kirchenverfassung am treuesten bewahrt hatte.

Sollte aber es zu spät sein, und das vor 300 Jahren begonnene, vor 150 Jahren mächtig geförderte gründliche Zerstörungswerk der wahren Verfassung der katholischen Kirche unter den Völkern, welche jetzt gleichsam noch die Träger derselben sind, schon so weit gediehen sein, daß nichts mehr die Dogmenfabrikation zu hemmen vermag, und mithin die Uebertretung der ersten Pflicht des Episcopates so allgemein und so colossal werden, wie es allerdings nur zu sehr den Anschein gewonnen, in Folge der beispiellosen Gleichgültigkeit und Verblendung des gläubigen Volkes bezüglich der Angelegenheiten der Kirche und des Gebahrens der höchsten Organe derselben, des Leibes also, dessen Glieder sie sind, — dann ist der große Augenblick eines Gerichtes gekommen, gleich dem, welches einst über das Volk des alten Bundes erging, als es von seinen rechtmäßigen Häuptern sich verleiten ließ, den Erlöser zu verwerfen, den anzukündigen und zu erwarten, und folglich anzuerkennen, anzubeten, zu bekennen und zu predigen seinen auszeichnenden Beruf ausmachte. Dann wird diesem Volke das Reich Gottes entzogen und einem andern Volke zu Theil werden, bei dem es seine Früchte bringen wird (Matth. XXI, 43). Dann hat eine andere Betrachtungsreihe anzuheben, deren wir uns hier zu enthalten haben.

Mit welcher Frechheit die offene Apostasie diese drohende Verwirklichung der angekündigten Pläne des Curialismus bereits auszubeuten sich rüstet, das zeigen die Ankündigungen der Gegenversammlungen zu Worms und zu Neapel. — Die für Worms angekündigte bezeichnen wir so, weil die vollständige Verläugnung des positiven Christenthums in derselben sich überwiegend dürfte geltend machen.*) — Doch sind dies nur einzelne, und bei weitem nicht die bedenklichsten Symptome.

Aber hervorheben müssen wir, den historisch-politischen Blättern gegenüber, das Eine noch: Warum ist die Autorität jetzt so verachtet, wie noch nie zuvor in der christlichen Aera? Weil sie in den letzten Jahrhunderten innerhalb der katholischen Kirche mißbraucht worden, wie noch nie vorher, zum offenbaren Unrecht, zur gehässigsten Kriegführung gegen die herrlichsten Lebenserscheinungen und die unverkennbarsten Wirkungen des heiligen Geistes; weil eine Autorität immer die andere zu beeinträchtigen gestrebt hat; weil namentlich die wahre und ächte Autorität der Kirche durch den Hof, der den ersten Stuhl der Christenheit umlagert und tyrannisirt, verachtet und genoth-

---

*) Es hat sich dieses seitdem nur zu sehr bewährt!

züchtigt und der Begriff der Kirche und ihrer Autorität bis zur Unkenntlichkeit für die Massen entstellt worden ist. Erst seit= dem das besonders vor hundertfünfzig Jahren, damals mit Hülfe des weltlichen Armes, in so hohem Maaße, und zwar am ärgsten, auffallendsten und consequentesten **gerade in Frankreich** gelun= gen war, weil eben dort die kirchlichen Zustände ver= gleichsweise bis dahin am gesündesten geblieben wa= ren, hat der Unglaube so zerstörend um sich zu greifen vermocht, zuerst in Frankreich, und dann überall.

Was somit die historisch=politischen Blätter, unter deßfallsiger Verkennung der theologischen und geschichtlichen Wahrheit, als Heilmittel vorschlagen, — und die jetzige französische Regier= ung auch beßhalb tadeln, weil sie diesen Irrthum wenigstens nicht hegt, so vielen Irrthümern sie sonst auch huldigt, — das ist gerade bereits die Ursache der heillosen Zustände, innerhalb der als katholisch geltenden Völker — Zustände, deren Mög= lichkeit, bei aller Rührigkeit der Frommen in guten Werken man= nigfacher Art, allein schon die äußerste Krankhaftigkeit des kirch= lichen Lebens beweist, und die wir mit den genannten Blättern auf das tiefste, und mit einem Schmerz beklagen, dem nur der Tod ein Ende machen wird.

Anhang III.

Wir finden soeben unter unseren Händen die Regensburger periodischen Blätter betitelt: **Das öcumenische Concilium vom Jahre 1869, 1. Bandes 2 und 3 Heft**. Wir vermögen den Gefühlen des tiefsten religiösen Schmerzes und des moralischen und wissenschaftlichen Widerwillens, um nicht zu sagen Ekels, welchen die Lectüre dieser Blätter uns verursacht hat, einen entsprechenden Ausdruck nicht zu geben. Wohin ist es mit der katholischen Theologie Deutschlands gekommen, — und mit dem kirchlichen Gemeinsinne der deutschen Kirche, — wenn solche Armseligkeiten ihr ungestraft geboten werden können! Eine Widerlegung derselben würde diese kleine Schrift verunzieren und zu umfangreich machen. Wird sie uns möglich, so werden wir uns ihr später unterziehen, sofern sie nothwendig erscheinen und sie nicht bessere Kräfte übernehmen sollten. Schaden können sie nur solchen, die eine selbstständige und einigermaßen nennenswerthe Kenntniß weder der heiligen Schriften, noch der Patristik, noch der ursprünglichen mittelalterlichen Scholastik, noch der großen katholischen Theologen der letzten fünfthalb Jahrhunderte, noch der Kirchengeschichte gewonnen haben. Ja, wer nur die an Umfang mittelmäßigste, aber an Solidität genügende Kenntniß seiner Religion und ihrer hehren und heiligen Geschichte erlangt hat, wie sie jeder Christ nach dem Maaße seiner allgemeinen Geistesbildung haben sollte, der kann durch solche Productionen auch nicht einen Augenblick stutzig oder gar wankend werden. Wer aber freilich nur das kennt, was ein modernisirter Catechismus etwa ihm geboten hat und eine magere biblische Geschichte und was denn so an zugestutzten Brocken bis zu ihm gekommen, und allenfalls was er in modernen „Andachtsbüchern" — dieser in ihrer Art so unseligen Zeiterscheinung, — und in deren Pendant, den gewöhnlichen s. g. katholischen Zeitschriften und Tagesblättern gefunden, der ist leider! der Mißleitung durch diese „Regensburger Blätter" und durch alles das, was ihnen ähnlich ist zugänglich. Ein solcher ist aber auch eingenommen gegen Jeden, der nicht bei diesen Rhapsodien schwört, und wäre zudem einer Widerlegung, wie sie allein zu dieser gegenwärtigen kleinen Schrift passen würde, ziemlich unzugänglich, weil ihm die religiöse Vorbildung zu deren Verständniß und Würdigung fehlt. Mit einem solchen müssen die Rudimente erst vorgenommen werden. Wer im Stande ist, von den armseligsten, theologisch zu sein Anspruch erhebenden Machwerken, die aller vernünftigen Hermeneutik, aller exacten Exegese, aller haltbaren Dogmatik, kurz, selbst den profanen Disciplinen der Sprachen- und Texteskunde, der Geschichte und der Kritik und nicht minder sämmtlichen Disciplinen der katholischen Theologie in's Gesicht schlagen, als von „nicht allein die altkirchliche Tradition und „Theologie nicht beeinträchtigenden, sondern sogar das gründliche „Studium der theologischen Disciplinen wesentlich fördernden Er- „scheinungen" zu sprechen, — wer sich unterstehen darf, der Geschichte von 250 Jahren gegenüber, zu fragen: „wo denn schon „einmal (einmal!!) die bei den Jesuiten so beliebte Verachtung „der altkirchlichen Ueberlieferung zum Vorschein gekommen," — mit einem Wort wer die den fünf Artikeln in der A. A. Z. vom März d. Js. (über das Concilium und die Civiltà) gewidmeten Seiten dieser „Blätter" schreiben konnte, wo jede Zeile einen groben Verstoß gegen die auf das evidenteste bewiesenen theologischen und historischen Wahrheiten enthält, der muß widerlegt werden, wie es ihm gebührt, was denn freilich eine so weitschichtige als leichte, aber höchst widerwärtige Arbeit ist. Weitschichtig, weil fast alles von den ersten An= fängen an muß behandelt werden für Leser, denen solche Pro= duktionen überhaupt schaden können; leicht, weil Alles, aber auch Alles, ohne Ausnahme, im wesentlichen längst widerlegt ist, und zwar am umfassendsten in Frankreich, in Italien und selbst in Spanien, zum Theil aber auch auf anderen katholischen Ge= bieten, und weil die ganze Kirchengeschichte und deren Erschein= ungen in allen Erdtheilen, bis zu den fernsten Missionen, dafür in Anspruch genommen und ausgebeutet werden kann, — wider= wärtig, wegen der abgründlichen Schäden, die da an das Licht des Tages gelangen. Und leider! muß es doch gar viele Leser geben, denen diese Produktionen eine immer dichtere Binde um die Augen zu legen vermögen, — denn sonst würde man sie sich ersparen, und würden nicht, wie wir mit Bedauern aus eben jenen „Blättern" nebenbei ersehen haben, noch andere Pro= duktionen gleichen Gehaltes das Licht der Welt erblicken und Verbreitung finden.

Was wir von dem uns zu Gesicht gekommenen Heft der s. g. Regensburger Blätter gesagt haben, das gilt, in, wo möglich, noch höherem Maaße, von der unter dem Titel: $\pi\acute{\varepsilon}\tau\varrho\alpha$ romana etc. zu Regensburg kürzlich erschienenen Rhapsodie. — Es ist dieses Machwerk (für welches das Wort Rhapsodie eigentlich viel zu edel ist) von seiner ersten bis zu seiner letzten Zeile nur eine freche Verhöhnung jeder religiösen und historischen Wahrheit, die entweder Lügen gescholten und geleugnet, oder entstellt wird, wobei eine um so größere Unfähigkeit richtig zu denken und zu schließen an den Tag kommt, als man ore rotundo (mit vollem Munde) das Wort Logik in den Mund nimmt.

Eine eigentliche Polemik ist mit solchen Scribenten, deren die älteren Curialisten sich schämen würden, — (ganz entschieden gilt das wenigstens bis auf die etwa mit Orsi beginnende, bis an unsere allerneueste und monströseste gränzende Phase dieses Systems) — eine eigentliche Polemik ist mit ihnen geradezu unmöglich. Man kann sie nur blutig heimschicken, wenn ihr **Raubzug** in die ihnen unzugänglichen Gebiete gesunden Denkens überhaupt und der theologischen Disciplinen insbesondere einem so widerwärtigen Geschäft sich zu unterziehen, in einem speciellen Falle nothwendig erscheinen lassen sollte. Es verhält sich damit gerade wie mit den querköpfigen Bestreitern des s. g. kopernikanischen Systems und des Gravitations-Gesetzes. Man kann zu den **Umwissenden**, die sie allerdings berücken können, eigentlich nur sagen: **studiert es, und Ihr werdet alsdann gewahr werden, was es mit diesen Bestreitungen auf sich hat!**

Eben so verhält es sich in der That mit der ächten katholischen Lehre von der Kirche, wie sie zu dem Schatze des depositum fidei gehört, zu der über Alles kostbaren, von dem Herrn Seiner Kirche anvertrauten Hinterlage, zu dem Inhalt jener übernatürlichen Offenbarung, ohne welche der sich selbst überlassene menschliche Geist nimmer zur Erkenntniß der **göttlichen Wahrheit** gelangen konnte.

An diesem hochheiligen Inhalt, unter dem Vorwand der geistigen Entwickelung in der Auffassung und Durchdringung desselben, auch nur das geringste zu ändern, ist das größte und verhängnißvollste Verbrechen.

Zwar die Kirche macht sich **niemals** desselben schuldig. Aber wie wenig entspricht oft die keusche Zucht und die Treue ihrer Gottbestellten Organe **und ihrer übrigen Kinder** der ihnen deßfalls obliegenden heiligen Pflicht und der Gesinnung dieser allezeit unbefleckten Mutter! Ja, sie ist allezeit **unbefleckt**, und ihr gottgewecktes Leben ist unvergänglich. Wenn schwere Erkrankung sie so ergriffen hat, daß sie, — die ein Büßer, dem wir in mehr als einer Beziehung nahe stehen, **die unsterbliche Kranke** zu nennen pflegte, *) — ihre Glieder absterben fühlt, so daß nur im Herzen und Kopfe, kaum nach außen durch unvollkommene Erscheinungen, und theils matte, theils schwankende, wie ziellos erscheinende Bewegungen wahrnehmbar, das Leben sich bewährt, wenn sie daher mit dem Psalmisten seufzt: Ne projicias me in tempore senectutis: cum defecerit virtus mea ne derelinquas me, (Ps. 70 hebr. 71 V. 9: Verwirf mich nicht zur Zeit des Greisenalters; wenn hinschwindet meine Kraft, verlaß mich nicht), — dann gedenkt sie zugleich einer Zukunft, die ihr als der kämpfenden, — d. h. in diesem Zeitleben, — noch bevorsteht, und die daher in demselben Psalme, im Anschluß an die wiederholte gleiche Bitte sich eröffnet: Et usque in senectam et senium, Deus, ne derelinquas me: donec annuntiem brachium tuum generationi omni quae ventura est. (V. 18: Auch bis zum Greisenthum und hohen Alter, o Gott, verlaß' mich nicht! (d. h. in dem hohen Alter in dieser Periode des Zeitlebens der Kirche,) auf daß ich deine Macht den kommenden Geschlechtern, und deine Wahrheit — V. 19: und Gerechtigkeit verkündige allen denen, so noch werden in das Dasein gerufen werden.) Auf diese Zukunft, wenn richtig aufgefaßt und verstanden, passen allein die schönen Worte Möhler's, dessen würdigen, durch Gram getödteten Jugend- und Studienfreund, den Mann, mit dem jetzt so seltenen priesterlichen Herzen, den Bischof Joseph v. Lipp, wir schmerzlich vermissen: „Katholiken und Protestanten müssen, in großen Massen sich einst begegnend und die Hände reichend, schuldbewußt ausrufen: wir alle haben gefehlt, nur die Kirche ist's, die nicht fehlen kann: Wir Alle haben gesündigt, nur sie ist unbefleckt auf Erden." (Symbolik, Kap. V, von der Kirche, § 37.)

Was nun aber die Regensburger $\pi \varepsilon \tau \varrho \alpha$ romana von

---

*) Malade immortelle sagte er in der Sprache, in welcher er mit seiner Umgebung und mit den Seinigen am häufigsten verkehrte.

Rubis anbelangt, so müssen wir zum Schluße sagen: daß dem armen christlichen Volke, das unter den schwierigsten Zeitumständen sein Heil zu wirken hat, solche unverdauliche Steine statt des Brodes gereicht werden, das ist etwas Schauerliches und vor dem Herrn Unverantwortbares. Die sich das können zu Schulden kommen lassen, müssen wirklich des christlichen Sinnes bis auf einen unbegreiflichen Grad entbehren!

Nachwort bei Gelegenheit der 2ten Auflage.

Manche Zuschrift hat dem Verfasser seit dem ersten Erscheinen dieser kurzgefaßten Denkschrift den Beweis geliefert, daß ihm die Gnade gewährt worden mit derselben manchem gequälten katholischen Gewissen und gramerfüllten katholischen Herzen zu Hilfe kommen zu können. Mitten unter den entsetzlich verworrenen und wahrhaft trostlosen Zeitverhältnissen danken wir dafür dem Herrn, und bitten Ihn, dieses Wort, so wie ein jedes andere, das eben so von ächt christkatholischer Absicht eingegeben werden mag, noch bis zu recht vielen Katholiken dringen zu lassen, auf daß, wo es Noth thut, richtigere Vorstellungen von der Natur und dem Wesen der Kirche, unserer Mutter, und von den Pflichten und Rechten der Bischöfe wieder verbreitet und in das christkatholische Bewußtsein aufgenommen werden, da aber, wo an dem was vor unseren Augen vorgeht, ein an sich gerechtfertigtes, oder auch ein mangelhaft motivirtes Aergerniß genommen wird, die Aufmerksamkeit auf das correcte, von dem Einzelnen zu beobachtende Verhalten gelenkt werde. Möchte das Gesagte nur den Weg zu dem Herzen recht vieler unserer Mitchristen finden, die guten Willens sind!

Dieser Wunsch ist in uns um so lebhafter, als wir mit tiefem Bedauern die hartnäckige Verblendung, ja, zum Theil pharisäische Verstocktheit sehen, mit welcher dem armen gläubigen Volke die in Rede stehenden Besorgnisse als kleinlich und unnöthig ausgeredet, oder gar als unkatholisch und gotteslästerlich verdächtigt werden sollen. Zu diesem Zweck wird hin und wieder sogar die Kanzel mißbraucht, welche doch der

Lehrstuhl der lauteren göttlichen Wahrheit sein soll. Ganz beson=
ders leistet jedoch die sogenannte katholische Tagespresse in diesem
Stücke das Unglaubliche. Die unglückselige politische Verworren=
heit unserer Tage kommt dabei dem Curialismus sehr zu Statten,
dessen Diplomatie sich nach allen Seiten zu sichern, in allen po=
litischen Farben zu schillern und alle politischen Parteien zu be=
nutzen weiß. Ihm ist alles recht, polnisch oder russisch, groß= oder
klein=deutsch, Legitimität oder Theorie der sogenannten Volkssou=
veränetät, wenn er nur seine Zwecke erreicht. Und das arme
bethörte Volk, das mit seinem aufrichtigen Herzen etwa auf einer
Seite steht, auf welcher überhaupt von dem Herzen eines
Volkes und von Aufrichtigkeit die Rede sein kann, das
arme Volk wird in religiöser Hinsicht von denen bethört, in
denen es seine ächten politischen Gesinnungsgenossen erkennt oder
zu erkennen glaubt. Weh' uns, daß dem so ist! Und möchten
doch unsere politischen Parteikämpfe, die wahrlich an sich ernst
genug und von tiefgreifender sittlicher Wichtigkeit sind, da es
sich dabei um die Existenz der Völker und um den Bestand der
bürgerlichen Gesellschaft in letzter Instanz handelt, möchten diese
doch ausgekämpft werden, ohne die ausschließlich religiösen und
kirchlichen, also wahrhaft theologischen Fragen in den Staub dieser
Arena zu ziehen. Es ist wahrlich dazu keine Veranlassung ge=
geben, als nur solche, die man bei den Haaren herbeizieht. Denn
so gewiß **jede** politische Partei betrogen ist, die auf die Zuver=
lässigkeit des Curialismus rechnet, so gewiß ist von den welt=
lichen Regierungen in kirchlicher Beziehung zur Zeit nichts weiter
zu fürchten, als ihre zu große Gleichgültigkeit gegen das was den
Gegenstand der heiligsten Sorge einer christlichen und speciell einer
katholischen Regierung bilden sollte. (Höchstens gewinnt es bei
einer oder der anderen Regierung eines der kleinen Staaten den
Anschein, als erstrebten wirklich auch sie die Vernichtung des po=
sitiven Christenthums.) Was gewisse Parteien, in welchen die Re=
gierungen thörichterweise oft eine Stütze zu finden wähnen, ihrer=

seits allerdings erstreben, eben diese Vernichtung nämlich der ka=
tholischen Kirche und also des positiven Christenthums, das wird
von keiner zur Zeit noch katholischen Regierung beabsichtigt. Nach
dieser Richtung halten sie sich bloß in der Defensive, nur leider!
ohne tieferes Interesse an der Religion und Kirche, weil ohne auch
nur leibliche Kenntniß ihres wahren Wesens. Sie sehen sich
durch den Curialismus bedroht, — wobei wir hier ganz von ihren
sonstigen Irrthümern und Mißgriffen, Verlegenheiten und Be=
drängnissen absehen, — und schlagen täppisch zu, wobei sie fast
niemals das Richtige treffen. Und thun sie ja einmal einen
correcten Schritt, so wird er auf das aberwitzigste und läppisch'ste
verhöhnt, und dem zur Stunde noch gläubigen, aber nicht genü=
gend unterrichteten Volke als eine so unbefugte als gottlose Maaß=
regel dargestellt. Und dabei kommt diesen blinden Führern und
ihrem Treiben zu gute, daß das arme Volk sonst fast nur ent=
schieden unchristliche Stimmen zu hören bekommt. Wenn sie
hören, daß man z. B. sagt, der Zeitgeist müsse auf das Con=
cilium Einfluß gewinnen, so werden sie um so geneigter blindlings
jenen blinden Führern zu folgen. Denn ihr christkatholisches Gewis=
sen weiß, was es mit dem Zeitgeist auf sich hat. Das wissen
und erfahren die Armen aber nicht, daß eben gerade ein Zeitgeist,
nur der curialistisch=loyolitische, statt des grob=materialistischen das
beabsichtigte Concilium tyrannisiren soll, und daß die ihnen als Apo=
staten oder als dünkelvolle Narren Verdächtig=Gemachten gerade
diejenigen Katholiken sind, die, gegenüber dem Attentat, welches
offen vorbereitet wird*), auf die große Wahrheit dringen,
daß ein ächtes öcumenisches Concilium auf keinerlei Zeitgeist
zu hören, sondern nur das vom heiligen Geist Geoffenbarte treu zu
erhalten hat. Observandum nobis magnopere est ante omnia,
uti mandatum Dei et non nostras traditiones

---

*) So eben geht es wieder aus der impertinenten Schrift des römischen
Mign. Nardi hervor, welche mit allem falschen Aplomb auftritt, das
Halbwissern so eigenthümlich ist.

populo observandas tradamus u. f. w. (Concil. Lemovicens. secund. b. h. von Limoges, von 1031.)

Und wie lächerlich ist die stete Hinweisung auf sogenannte Hof=Theologen. Als wenn es die noch geben könnte! Du lieber Gott! Die Theologie ist an den heutigen Höfen und bei den heutigen Regierungen eine broblose Kunst. Sie bringt nicht Gunst, nicht Ehre, ja, nicht einmal ein armes Stückchen Brod ein. On n'en a que faire. Sucht eure Hof=Theologen im 19. Jahrhundert am römischen Hofe, — oder richtiger, denn in Rom selbst ist heut' zu Tage großer Mangel an leiblicher Wissenschaft, und das wenige was davon da ist, haben nur die sogenannten Jesuiten, während die anderen Orden, unter der Herrschaft des loyolitischen Geistes, moralisch todt sind, — sucht euere Hof=Theologen also heut" zu Tage unter den Curialisten. Der einzige Hof, von welchem schwache Theologen, — was man bei großer Gelehrsamkeit sein kann, — etwas fürchten ist der römische Hof, dem sie allerdings heut' zu Tage auf Gnade oder Ungnade schutzlos preisgegeben sind, und der einzige Hof, von welchem ehrgeizige Theologen, — vor welcher sündhaften Gesinnung keine menschliche Wissenschaft und Gelehrsamkeit schützt, und wenn deren Gegenstand noch so hehr und heilig ist, — der einzige Hof, von welchem sie etwas hoffen und erwarten können, ist der römische Hof.

Und welche Blößen gibt man sich auf jener Seite, welche die Katholicität heut' zu Tage für sich allein in Anspruch nimmt! Um z. B. die angebliche Kleinlichkeit und Falschheit der gerade von den treuesten Katholiken, sofern sie nur ihre Religion genügend kennen, gehegten Besorgnisse darzuthun, beruft man sich ganz offen und mit triumphirender Miene darauf, daß die Bischöfe, einige wenige Günstlinge der römischen Curie unter ihnen allein ausgenommen, selbst noch nicht wissen, was verhandelt werden soll. Wie könne man da besorgt sein! O blinde Unwissenheit oder gewissenlose Heuchelei! Wie müßt Ihr gegen euch selbst zeugen!

Denn wo hat man je in der Kirche erhört, daß in solcher Weise ein öcumenisches Concilium wäre arrangirt worden? Wo hat man jemals von solcher bureaukratischen Regierung der Kirche gehört, wie sie selbst für die Regierung eines weltlichen Staats verwerflich und verderblich sein müßte, wenn die Faiseurs in ihrer Art auch die besten Absichten haben sollten? Wo hat man jemals ein, man weiß nicht w a r u m, noch w o z u berufenes Concilium der ganzen Kirche für möglich gehalten? — Denn allgemeine Redens= arten, wie die der Convocationsbulle vom 29. Juni 1868, sind keine Angabe des Zweckes eines solchen Conciliums. — Wo hörte man je von einem Concilium, welches ein öcumenisches werden soll, und nur veranlaßt ist durch eine lopolitische Intrigue, die ein o f f e n e s G e h e i m n i ß ist, dessen äußerste Ziele ausgeplaudert worden durch einige Bischöfe, welche sich schon für dieselben aus= gesprochen haben, sei es, daß ihre Discretion nicht auf gleicher Höhe mit der Gunst stand, deren sie sich in Rom zu erfreuen haben, sei es, daß man für gut hielt, an den beabsichtigten Coup die öffentliche Meinung der Nichteingeweihten zu gewöhnen, sowie durch die enfants terribles der Civiltà, der Laacher Stimmen, der Regensburger Blätter, der $\pi\varepsilon\tau\varrho\alpha$ romana von Rubis und zahlloser Produktionen dieses verächtlichen, aber leider! in unseren Tagen nur zu einflußreichen Gelichters? Von einem Concilium, dem officiell weiter nichts vorausgeht als a) die (jetzt eingestande= nen) 17 geheimen Fragen an die Bischöfe, welche übrigens, abge= sehen von ihrer despotisch=bureaukratischen Tendenz, durch äußerste Unerheblichkeit sich auszeichnen sollen, b) die Berufung einer gewissen Anzahl willkürlich designirter Gelehrten, von denen die wenigen be= deutenden und nicht zugleich dem Curialismus unbedingt ergebenen n o t o r i s ch nur als Statisten gebraucht worden sind, und c) g e= h e i m e Ausschüsse, von deren Elaboraten die Bischöfe und selbst Car= dinäle (wie schon gesagt, bis auf wenige Vertraute,) nicht das ge= ringste m e h r wissen, als was jedes andere Menschenkind auch davon wissen kann, wenn es seine gesunden Sinne hat, diese anzuwenden versteht und im vorliegenden Fall dieses zu thun nicht verschmäht! Dieses genügt ja um alle Besorgnisse deßfalls nur zu sehr zu rechtfertigen. Denn **Gott läßt Seiner nicht spotten**, und wenn man **freventlich auf Seine Verheißungen hin sün= digt**, so überläßt Er uns dem was die heilige Schrift reprobum sensum nennt (Rom. I, 28), dem nämlich dem natürlichen Men= schen entsprechenden, verwerflichen Sinn. Wie ganz anders müß= ten die Vorbereitungen eines **wahren** öcumenischen Concilium's sein! Wie müßten die Tractanda vor aller Welt ausgesprochen, den christlichen Staatsregierungen mitgetheilt und in dem allge= meinen kirchlichen Bewußtsein lebendig sein! Wie müßten diesel= ben von allen Bischöfen mit ihrem Diöcesan=Clerus (in Diöcesan= Synoden) erschöpfend vorbereitet werden (statt der geheimen Aus= schüsse und der curialistischen Vertrauensmänner in Rom)! Dieses in unserer kleinen Denkschrift nicht erörtert und näher nachgewiesen zu haben, thut uns leid.

Wir sind jedoch, um der guten Sache willen, zum Kampfe, so lange es gilt, und jederzeit bereit, wenn uns nur der Kampf= platz selbst gegönnt wird. Da könnte denn noch gar Manches nachgeholt werden. Für jeden, der sich zu unterrichten **willens** und dazu im **Stande** ist sind jedoch unsere Andeutungen schon bis jetzt genügend. Namentlich ist das Werk des großen Bossuet: Defensio declarationis conventus cleri gallicani allein schon erschöpfend und bietet ein wahres Arsenal von Waffen für die deßfallsige Wahrheit. Wir haben daraus nach Notizen aus mangel= haften Abschriften desselben in unserer kleinen Denkschrift, (S. 30 der 1ten Ausgabe) citirt. Wir fanden dieses, als wir das in Rede stehende unwiderlegte und unwiderlegbare Meisterwerk kürzlich in der hiesigen Staatsbibliothek einsahen, können aber, in der jetzt uns zu Gebote stehenden kurzen Frist für diese 2te Ausgabe un= serer Denkschrift, unsere ersten Citationen nicht richtig stellen. Es schadet aber nichts. Ohnehin muß das **ganze** Meisterwerk gele= sen, ja studirt werden. Wer das nicht gethan hat, der kann über diese wichtigen Fragen und über die Autorität der Concilien von Constanz und von Basel, bis zu der Zeit, wo das letztere seinen öcumenischen Charakter eingebüßt, nicht mitsprechen und sich ein einigermaaßen begründetes Urtheil nicht bilden. Bossuet verfährt bezüglich einiger Angelegenheiten, besonders einer damals noch nicht veralteten, in diesem Werke viel zu schonend gegen das curialistische System, und bezüglich der Angelegenheit, welche die heiligen Bischöfe Nic. Pavillon und Stephan Caulet gegen Ludwig XIV verfochten, erklärt er, als Referent der Versammlung des Clerus des Reichs, dort sich nicht äußern zu wollen. Das ist das einzige was gelegentlich dieses unsterblichen theologischen Meisterwerks auszusetzen ist: es sind Mängel in der persönlichen Haltung des eminenten Verfassers, dessen größter und allein folgenschwerer gerade aus der zu großen Rücksicht gegen den römischen Hof herrührte, aber an der unüberwindlichen Stärke dieses Werkes ändert das nichts. Die damalige Politik des französischen Hofes verhinderte die Veröffentlichung dieses Meisterwerkes, welches bis 1743 nur in Abschriften verbreitet war. Erst in dem genannten Jahre, nach dem Tode des Cardinals Fleury und somit dem Ende seines unseligen Ministeriums, wurde es gedruckt, und zwar nach der Bossuetschen Handschrift und in der letzten Gestalt, die er ihr noch in den letzten Jahren seines so wichtigen Lebens gegeben, wie der Bischof und Cardinal de la Luzerne im laufenden Jahrhundert dieses constatirt hat, und gleichzeitig auch in einer vortrefflichen französischen Uebersetzung. In den Stellen, die wir anführen wollten, weist Bossuet unter anderen nach, worin der unanimis consensus besteht und die Tertullianische consanguinitas doctrinae in Betreff der Kirchenlehre, nicht einer Schulmeinung, von der man immer nachweisen kann, wann und wie sie mehr oder minder herrschend geworden; ferner daß der berühmte Brief des heiligen Papstes Leo, obwohl durch fast den ganzen Occident genehmigt und unterzeichnet, sowie durch die meisten Orientalen, dennoch aufs neue in dem öcumenischen Concilium von Chalcedon **geprüft** und nur nach dieser **Prüfung** angenommen wurde, **worauf** der heilige Papst Leo selbst erst in seinem bezüglichen Schreiben an Theodoret, jenen Brief, als **durch die Gesammtheit sanctionirt, confirmirt und dadurch erst bindend geworden** erkennt; ferner wie die Entscheidung des Papstes Agathon, obwohl durch das 6te Concilium angenommen, durch die Bischöfe Spaniens, weil jene Kirche dieses Concilium damals noch nicht anerkannt hatte, abermals selbstständig geprüft wurde; ferner wie die Geschichte des 2ten Conciliums von Nicaea die theologische Unhaltbarkeit des curialistischen Systems beweist. — Und so noch vieles Andere. — Aber eine Analyse dieses Bossuet'schen Werkes, welches eine fest gegliederte Kette darstellt, ist an dieser Stelle unmöglich, und wir können nur wiederholen, daß das ganze Werk das angelegentlichste Studium eines jeden Katholiken sein sollte, zumal andere für Nicht-Theologen von den trefflichsten Verfassern in Frankreich und in Italien herrührende und kürzer gefaßte Werke, — wovon einige sogar die autoritative Form von Hirtenbriefen haben, — die uns wohl bekannt sind, leider! in unseren Tagen fast nicht mehr zu haben sind. Es wird immer noch am leichtesten sein die Conférence Bossuet's mit Claude, seine Exposition de la foi catholique, seine avertissements aux Protestants, die sehr viel hierhin Gehöriges enthalten, und das in Rede stehende Werk desselben, in dessen lateinischen Urschrift oder französischen Uebersetzung, zu bekommen.

Mit der gewohnten **Gemeinheit** im Ton, worin die Curialisten mit den sogenannten Fortschrittlern oder Revolutionären bekanntlich wetteifern und um die Palme des Sieges kämpfen, sind wir von der Regensburger Morgenzeitung für „einen Pseudonymus „und suspendirten Priester", von der „Rheinpfalz" aber für „einen „geistesarmen und verkehrten Fußangelnleger" erklärt worden, „für „einen komischen neuesten Jeremias, der das Meisterwerk des 2c. „Rubis betitelt: $\pi\acute{\varepsilon}\tau\varrho\alpha$ romana durch seine Angstarbeit, durch sein klägliches Elaborat, mittelst einer unehrlichen Kritik todt

„schweigen resp. nur durch einige Jammerrufe des Unwillens wi=
„berlegen will", was aber dem ꝛc. Liaño, „welcher mit einem zu
„kurzen Mantel aufrichtiger Katholicität sich behangen, das seine
„Blöße nicht zu bedecken vermag, diesem schneidigen Buch des ꝛc.
„Rubis gegenüber nicht gelingen werde." Am liebsten natürlich
möchte dieser Treffliche haben, daß man des ꝛc. Liaño Büchlein
meide wie die Pest"; mindestens aber sagt er, solle man sie hören
„alle Beed'!" — Das ist Alles. — Arme Pfalz! in welche sich
der Schenkelianismus und dieser wahnsinnige Curialismus,
die scheußlichste Läugnung des göttlichen Erlösers und Anbetung
des Fleisches und seiner Lust und die aberwitzigste Entstellung der
ächten katholischen Lehre getheilt haben, so daß nichts anderes dort
laut wird und irgendwie zur Lebensäußerung gelangt! Nun, dem
Regensburger Freund wollen wir hier nur die Versicherung geben,
daß wir nicht mit dem erhabenen sacerdotalen Charakter bekleidet
sind; daß übrigens heut' zu Tage, und überhaupt seit circa 150
Jahren willkürlich suspendirte Priester sehr oft die ehrwürdigsten,
ja, geradezu heiligmäßige Priester sind, während es vorkommen kann,
daß man deren antrifft, die von Gottes= und Rechtswegen suspen=
dirt sein sollten, und dennoch die heiligen Functionen ungehindert
verrichten; daß der Verfasser ferner ein ehrlicher Laie in der Kirche und
in der Welt ein unbescholtener Mann ist, der wirklich so heißt, wie
auf dem Titel steht. Daß unsere Tendenz ihm so falsch däucht,
als er die Angabe des Namens des Verfassers für falsch hält,
thut uns seinetwegen und um der guten Sache willen leid, zu=
mal mit Leuten, die nur im Schimpfen eine wirklich staunenswür=
dige Virtuosität entfalten, eine ernsthafte Discussion ohnehin unmöglich
wäre. — Dem Pfälzer Freund müssen wir das Zeugniß aus=
stellen, daß er in $18^{1}/_{2}$ Zeilen einer Spalte des kleinen Formats
der „Rheinpfalz" in der erwähnten Virtuosität Außergewöhnliches
leistet. Uebrigens sind wir es zufrieden, wenn Jemand, der das
ziemlich dicke Buch von Rubis zu lesen unternimmt, nur unsere
Broschüre auch liest: wir glauben, sonderbarerweise, daß ein Un=

befangener, der un s Beide liest, den Eindruck bekommen muß, daß auf unserer Seite eine ganz andere Begründung bei näher er Nachforschung zu finden sein muß, als auf der Seite, die den Herrn Rubis zum Vertreter ihrer äußersten Extravaganzen hat. Diese nähere Nachforschung konnten wir mittelst einer Broschüre von 86 Seiten freilich für denjenigen nicht überflüssig machen, der mit dem Gegenstand nicht schon, bis auf einen gewissen Grad, vertraut ist. — Wie man durch eine (ehrliche oder unehrliche) Kritik etwas todtschweigen kann, das übersteigt unser Fassungsvermögen. Daß wir den Herrn Rubis nicht todtschweigen wollten, ein heut' zu Tage sehr beliebtes Verfahren, welches wir verabscheuen, das haben wir dadurch bewiesen, daß wir sein Elaborat genannt haben, welches uns erst zu Händen kam, als wir nur noch den durch die Regensburger Blätter zunächst veranlaßten 3ten Anhang unserer kleinen Denkschrift zu schreiben hatten. Daß durch einige Jammerrufe des Unwillens selbst diese πέτρα romana von Rubis nicht widerlegt ist, das wissen wir so gut, wie der pfälzische Curialist, haben aber nichts dem, was wir darüber im 3ten Anhang gesagt, hinzuzufügen. Wir sind übrigens zur eingehendsten Widerlegung allezeit bereit, wenn sie nöthig sich erweisen, von keinem Tüchtigeren geleistet, uns aber ermöglicht werden sollte, da wir keine Partei hinter uns haben, welche die Bücher bezahlt, für den Fall, daß sie sich nicht rentiren, damit nur recht viele von diesen — wir begehen hier ein Plagiat an unserem pfälzischen Freunde — recht viele von solchen wirklichen Absuden verwirrter Gedanken in die Oeffentlichkeit kommen, als welche die curialistischen Machwerke sämmtlich mehr oder minder mit Recht zu bezeichnen sind, und ebensowenig ausreichende pecuniäre Mittel, um auf unsere Kosten zu drucken.*)

---

*) Auch über den von der (übrigens anständigen) A. Postzeitung uns vorgeworfenen widerwärtigsten Gallicanismus sind wir vollkommen im Stande und auch immer bereit uns zu verantworten und zu zeigen, was es damit auf sich hat.

Zum Schluß bemerken wir noch, daß des Herrn Rubis Buch wirklich solch ein unqualificirbares Machwerk ist, daß auch ein **hervorragender katholischer Gelehrter** es eben so kurz abgefertigt hat, wie wir, und zwar in einer Recension ex officio, also nicht aus Mangel an Raum, an Zeit und an Gelegenheit, wie das mit uns vorliegend der Fall, sondern weil er erachtete, daß ernsthafte und der Sache einigermaassen gewachsene Leser das Buch schon selbst taxiren werden, was es werth ist, während es wenigstens **den Vortheil hat, für die Mehrzahl zu ungenießbar und zu weitschweifig zu sein.** — An unserem pfälzischen Freunde müssen wir aber wenigstens das **eine** loben: daß er darauf verzichtet hat den schismatischen Griechen durch das griechische πέτρα zu imponiren, womit Herr Rubis wahrscheinlich die Griechen flugs sogar für den Curialismus zu erobern gedachte, sondern daß er ganz ehrlich und bescheiden petra lateinisch schreibt, was wirklich von großer Bescheidenheit zeugt, denn auf die Unkunde der griechischen Buchstaben bei unseren Landsleuten brauchte er keine herablassende Rücksicht zu nehmen, weil das Buch für diese doch zu ungeeignet ist, ohne deßwegen für sonst Jemanden geeigneter zu sein. Aber weg mit dem Scherz! — Denn o der Schande! was müssen diese schismatischen Griechen von unserer katholischen Theologie **jetzt** halten! sie, deren theologische Versteinerung mit der reichen Entfaltung der **katholischen** Theologie bis jetzt einen so auffallenden Contrast bildete! Was müssen sie von einer Theologie halten, die seit 20 Jahren, einige wenige Ausnahmen abgerechnet, fast nur noch in den Hülfswissenschaften Ausgezeichnetes leistet, da nämlich wo es der **Leben erstickende** Curialismus gestattet, sonst aber einen Perronne, einen Passaglia, dann einen Rubis und ihre zahlreichen Genossen als Lichter erster und respective zweiter Größe betrachtet, die man als Autoritäten citirt **und deren Machwerke als kirchliche Entscheidungen cursiren!** Vor Scham und Schmerz möchte man in die Erde sinken!

Bezeichnend ist es daß keine einzige der **gediegeneren** katholischen Zeitschriften es bis jetzt gewagt hat unsere Denkschrift zu besprechen! — Ueberhaupt hat von **katholischen** Stimmen, unseres Wissens, nur eine einzige in Deutschland bis jetzt in einer mit katholischem Sinn auf die Sache eingehenden Weise unserer Denkschrift auch nur Erwähnung gethan, und zwar in dem conservativen und patriotischen bayerischen Courier (in München). Es versteht sich dabei von selbst, daß die Ausdrücke dieser Erwähnung nur dem gelten, was wir aus der in **religiöser** Beziehung **allein maaßgebenden** katholischen Vorzeit dem Publicum in unserer Denkschrift geboten haben, und den Autoritäten, auf die wir uns dabei berufen.

Nur in der Saturday review und in dem Litteraturblatt des Herrn Dr. Wolfgang Menzel ist uns eine Besprechung bisher zu Theil geworden. Die erstere haben wir noch nicht zu Gesicht bekommen: sie soll aber eingehend und in katholischem Sinn gehalten sein. Für die letzterwähnte sind wir Herrn Dr. Wolfgang Menzel um so mehr zu Dank verpflichtet, als seine Ueberzeugungen in Religion und Politik nicht vollkommen mit den unsrigen übereinstimmen können, und als dieselbe daher von edler, unparteiischer Gesinnung zeugt, und geeignet ist unser der Vertretung der vollen Wahrheit gewidmetes Bemühen den wohlwollenden, auf dem Boden des positiven Christenthums stehenden Protestanten nahe zu bringen, worauf wir einen sehr großen Werth legen.

Die meisten Kundgebungen aus Baden u. s. w. scheinen uns, so weit man sie aus den Zeitungsmittheilungen zu beurtheilen vermag, zu flach und zu sehr in dem inhaltslosen s. g. liberalen Sinne gehalten. — Hinsichtlich der Coblenzer Adresse, die aufrichtiges Lob verdient, können wir jedoch nicht umhin zu bedauern, daß sie den theologischen Kern des entsetzlichen Uebels, an dem wir kranken, nur ganz obenhin berührt und nicht auf dessen Diagnose bringt, zumal in ihm allein und wesentlich der Grund und die schuldvolle Ursache des colossalen Aergernisses zu suchen, womit mir so hart bedroht sind. Diese Aetiologie — um bei unserem der Heilkunst entnommenen Vergleich zu bleiben — sollte vielmehr immer deutlicher gemacht werden. Denn eine bloße Unterdrückung einzelner Symptome hilft durchaus nichts, sondern nur die Bekämpfung der eigentlichen Krankheit. Nun sind aber die ausführlich in der Adresse behandelten Uebel: die Unfähigkeit der Kirche in unseren Tagen dem Staat gegenüber ihr wirkliches und unveräußerliches Recht geltend zu machen, wogegen ihr unwesentliche und zufällige Rechte vindicirt werden sollen (Verhältniß der Kirche zum Staat), ferner ihre Unfähigkeit dem Unglauben und der Entsittlichung gegenüber die Wahrheit mit der Sieges=Macht zu vertreten, die dieser eigen ist (mangelhafte Ausbildung des Clerus, die allgemeiner noch und unheilbarer gemacht werden soll), ferner die Entfremdung des Lebens der Gläubigen von dem ächten Leben der Kirche (Entfremdung zwischen Clerus und Gemeinde), und endlich der gegen das wirklich Verderbliche eben so ohnmächtige als der Kirche positiv schädliche römische Index, mit dem ganzen Unwesen der damit zusammenhängt, — diese hervorgehobenen Punkte der Coblenzer (und wahrscheinlich auch der Bonner) Adresse, sie sind ja allesammt nur Symptome des Curialismus, der es in unseren Tagen bis zu dem Schwindel gebracht hat, direct zu behaupten, — woran bis zu Gregor XVI. niemals gedacht worden, — daß die Infallibilität des (ex cathedra redenden) Papstes für ein Dogma zu erachten, und diese bisher unerhörte Behauptung durch die Bischöfe für die in der Religion Unwissenden sanctioniren lassen zu wollen, — woran vollends bis 1869 niemals gedacht worden ist. — Nur mit der Hebung dieser entsetzlichen und an sich tödtlichen Krankheit werden die Symptome derselben, und von selbst alsdann schwinden, aber alles Herumcuriren an den Symptomen wird nichts helfen, so lange die Krankheit bleibt.

Zur Zeit der heiligen Concilien von Constanz und von Basel war die Erkenntniß allgemein und zu Rom das Eingeständniß constant, daß eine Reform an dem ministeriellen Oberhaupt und an den Gliedern der Kirche nothwendig, dringend nothwendig, d. h. eine Rückkehr zu der ursprünglichen Reinheit und Heiligkeit, unbeschadet der reicheren Entfaltung der Gestaltung und der Errungenschaften der berechtigten Entwickelung.

Diese Reform wurde durch die Arglist des menschlichen Herzens hintertrieben.

An deren Stelle trat in dem darauf folgenden Jahrhundert eine gewaltsame Umwälzung (eine Revolution), in deren furchtbaren Wogen die katholische Kirche die Hälfte ihres damaligen Bestandes einbüßte, und beinahe noch viel mehr eingebüßt hätte:

Weil die Zeit noch einen tiefen Fonds von Glaubenskraft und Glaubensfähigkeit halte, so entstanden daraus religiöse Gebilde. — Als ein solches muß sogar die Gemeinschaft der damaligen Anti-Trinitarier noch angesprochen werden, obwohl sie bereits die Grundlage des Christenthums geläugnet. —

Nun erwachte in den geretteten Theilen der katholischen Kirche ein reger reformatorischer Eifer und Sinn. Unter ganz anders den normalen nahestehenden Bedingungen und Auspicien, als dieses bei dem jetzt angekündigten der Fall ist, kam das Concilium von Trient zu Stande. Aber auch in den wahren öcumenischen Concilien, wie in dem ganzen Zeitleben der Kirche, zeigen sich menschliche Schwächen unbeschadet der göttlichen Leitung, und diese Schwächen haben oft verhängnißvolle Folgen. So war es in Constanz und in Basel gewesen; so war es jetzt, wenn auch meist in einer ganz entgegengesetzten Richtung, mit dem so mühselig endlich zu Stande gekommenen und beendigten Concilium von Trient.

Diese Folgen gipfelten, nach fast 300jährigem wahrhaft reformatorischem und ächt katholischem Bemühen, in der schließlichen Erstickung dieses Bemühens und in dem Obsiegen eines gleichzeitigen unächten Bemühens, des loyolitischen nämlich, welches an die Stelle der Reformation gleichfalls eine Revolution gesetzt hat. Nur ist es eine Revolution, die, gleich den ihr analogen im Staatsleben, von oben

herab durchgesetzt worden ist, eine Revolution des rechtlosen Ab=
solutismus, wobei jedoch der Unterschied obwaltet, daß in dem
bloß diesem Zeitleben angehörenden Staatsleben dergleichen, un=
ter Umständen, einer Krisis des kranken leiblichen Organis=
mus zu vergleichen ist, während in dem kirchlichen, unmittelbar
gottgesetzten Leben dergleichen einzig nur das Symptom der tief=
sten Erkrankung desselben sein kann.

Diese Revolution nun soll jetzt in den Augen der Menge
ihre Sanction und Krönung erhalten, die von ihr geschaffenen Zu=
stände sollen für die normalen erklärt werden, und dazu bedarf es
eines die ganze orthodox katholische Lehre von der Kirche alteriren=
den neuen Dogma's, von der Unfehlbarkeit ihres dienstlichen
Oberhauptes nämlich, von anderen gleich neuen Dogmen, die
mit unterlaufen sollen, hier zu schweigen, und eines ganz neuen
Gesetzbuchs, welches, mit gänzlicher Hintansetzung der uralten Kir=
chengesetze, dem angeblichen Zeitbedürfnisse gemäß confectionirt,
nunmehr für gültig und allein fortan brauchbar erklärt werden soll.

Alles das ist angekündigt worden, für alles das wird die be=
zügliche öffentliche Meinung des Tages bearbeitet, indem zu dessen
Annahme und Ertragung die Katholiken vorbereitet werden sollen.
Officiell wird Alles in tiefstes Dunkel gehüllt, auf die treuesten Kinder
der Kirche wird keine Rücksicht genommen, und mit diesem neuen
Dogmen= und Kirchenrechtsgebilde gedenkt man mit den äußeren
Feinden den Kampf aufzunehmen und wähnt damit eine Univer=
salmonarchie im Reiche des Geistes zu erobern, und, wenn man
den Feind nicht ganz zu überwinden vermag, einstweilen in die
Herrschaft sich mit ihm zu theilen!

Was die neuen Dogmen anbelangt, so werden sie freilich
für richtige Folgerungen aus unzweifelhaften Glaubens=
sätzen ausgegeben. Darauf, daß sie auch alsdann selbst noch keine
Glaubenssätze werden könnten,*) wollen wir hier nicht das Haupt=

---

*) Man sehe S. 30 und 31.

gewicht legen. Wohl aber darauf, daß sie eben k e i n e richtigen Folgerungen aus den unzweifelhaften Glaubenssätzen sind, welche die Kirche 1830 Jahre lang treu bewahrt und in ihrem tiefen Zusammenhang nach allen Seiten hin erforscht und sichergestellt hat, ja, daß sie sogar mit der Reinheit und Unversehrtheit eben dieser u n z w e i f e l h a f t e n Glaubenssätze innerlich unvereinbar sind, und daher in das Heiligthum des der Kirche anvertrauten Schatzes der wahren Gotteslehre ein subversives Element hinein tragen müßten.

Daß aber diese riesige Mystification angestrebt wird, liegt nachgerade klar vor Aller Augen. Die Mittel, durch welche sie ermöglicht werden soll, beweisen es, ja, die Abläugnungen, welche man hin und wieder entgegensetzt, zeugen nur von der Schlechtigkeit der Sache, da sie nur Solche täuschen können, die ganz unfähig sind, gewahr zu werden, was man sagt und was man thut. Während man auf das officielle Geheimniß sich beruft, um unsere Besorgnisse als ein s i c h B e k ü m m e r n u m u n g e l e g t e E i e r, mit wahrhaft cynischer Rohheit des Ausdrucks, zu verhöhnen, beweist man durch dieses mit dem öcumenischen Charakter eines Conciliums unvereinbare Verfahren erst recht, womit es die Kirche zu thun bekommt, und während man abläugnet, daß man die s. g. Unfehlbarkeit d e s P a p s t e s als Dogma hinzustellen unternehmen will, bearbeitet man durch Schriften, gleich der von Rubis und Nardi und den Laacher Stimmen, durch V e r h ö h n u n g e n der Concilien von Constanz und von Basel und a n g e m a a ß t e Streichung derselben aus der Liste der öcumenischen Concilien, und durch Ankündigung noch fernerer, angeblich gediegener (!) Schriften über das unglückselige Thema jener angeblichen Unfehlbarkeit des Papstes, die Prälaten und Professoren zu Verfassern haben sollen, die schlechter als je unterrichteten katholischen Völker für das Beabsichtigte, das dann als ein f a i t a c c o m p l i d e r m o d e r n e n Politik ihnen auferlegt werden soll.

Imple facies eorum ignonimia, et quaerent nomen tuum, Domine. (Psalm. 82 (hebr. 83), v. 17.)*)

Wer geraden Herzens und sachkundig ist, der kann an unserer Gesinnung nicht zweifeln. Dennoch betheuern wir hier zum Schluß noch einmal ausdrücklich, daß wir fest in dem Bekenntniß beharren von dem sehr reellen Primat des heiligen Petrus und der cathedra Petri und von deren heiligen und heilsamen Rechten. Diese Rechte sind uns so theuer, als wir jede darüber hinausgehende Usurpation beklagen und als Ausartung des von dem Herrn Gesetzten verabscheuen. Die wirklichen Rechte des Primates gehören zum depositum fidei und können daher von einem Katholiken niemals verkannt und verläugnet oder preisgegeben werden. Aber mit der Gnade Gottes werden wir eben so wenig jemals denen zustimmen, welche die Klugheit, den Geist und die Politik der Gottabgewandten Welt hinübertragen in das Heiligthum unseres Gottes, und ihnen und dieser gleichgültigen, nur auf ihre ephemeren Interessen bedachten Welt zu Gefallen, der Rechte, der Pflichten, der Schmerzen, der Gefahren, der Schädigungen, der nie zu genug zu beklagenden inneren Knechtung der Kirche schändlicherweise vergessen. Sie ist die Heerde Jesu Christi, sein theuer erworbenes Erbtheil. Und so wollen wir **dem Vater und unserm Gotte nach der ächten und unverfälschten Lehre dienen, welche Viele sich unterstehen eine Secte zu nennen, und eine abweichende Lehre,** und während diese vielmehr es sind die von der alten Lehre abweichen, **halten wir an ihr treu und unerschüttert fest. Unter dem freien und unverfälschten Gericht der Kirche stehen wir**: nur dieses erkennen wir als gültig an, nur auf dieses berufen wir uns. (Ap.-Gesch. XXIV, 14 und XXV, 10 und 11.) Möchte bald der Tag ihrer Befreiung kommen, der glorreiche Tag der vollen Manifesta-

---

*) Bedecke ihr Angesicht mit Schande, damit sie suchen Deinen Namen, o Herr!

tion des Herrn! Selig wer an dieser lebendigen Antheil haben wird. (Geh. Offenb. V, 20; Tob. XIII.) Für jetzt, und während der Vorhof des ewigen Heiligthums von den Heiden zertreten wird (Geh. Offenb. XI, 2), müssen wir hoffen auch gegen alle Hoffnung (Römer IV, 18 und Job XIII, 15) und harren auf den Herrn, wie auf Ihn geharrt haben die Zeugen und Bekenner, die unsere Vorgänger gewesen und allezeit unser Vorbild sind.

München, im Juli 1869.

www.ingramcontent.com/pod-product-compliance
Lightning Source LLC
Chambersburg PA
CBHW020144170426
43199CB00010B/876